Die Lehre vom Glück

Jampa Thaye

Die Lehre vom Glück

Eine Einführung in den Buddhismus

Theseus Verlag

Die Deutsche Bibliothek – CIP- Einheitsaufnahme

Thaye, Jampa:
Die Lehre vom Glück : Eine Einführung in den Buddhismus / Jampa Thaye.
[Übers. aus dem Engl.: Andrea Liebers]. – Berlin : Theseus-Verl., 1998
ISBN 3-89620-140-9

Theseus im Internet: http//www.Theseus-Verlag.de

Umschlaggestaltung: Morian & Bayer-Eynck, Coesfeld
Zeichnung auf Seite 9 © Bruni Feist-Kramer
Übersetzung aus dem Englischen: Andrea Liebers
Lektorat: Ursula Richard
Gestaltung und Satz: AS Satz & Grafik, Berlin
Druck: Clausen & Bosse, Leck
Printed in Germany

ISBN 3-89620-140-9

Gedruckt auf alterungsbeständigem Papier mit chlorfrei gebleichtem Zellstoff.

*Dieses Buch
ist S. H. Sakya Trizin und Karma Thinley Rinpoche
gewidmet*

Mein Dank gilt
Adrian O'Sullivan, Geoffrey Ashmore,
Dr. Andrea Liebers und Lama Tashi
für ihre freundliche Hilfe.

INHALT

Die Ursachen für unser Glück entdecken

Der Wunsch, glücklich zu sein, ist ein Wunsch, der allen Menschen gemeinsam ist – und er ist der Hauptgrund dafür, sich dem Buddhismus zuzuwenden. Sich aus solch einem Beweggrund einer Religion zu nähern klingt beinahe schockierend, denn man sollte meinen, dass die Beschäftigung mit dem Buddhismus, einer der großen alten Weltreligionen, eine ziemlich ernsthafte Sache sein sollte. Eigentlich würde man einen anderen Grund erwarten als diesen einfachen Wunsch. Aber es gibt keinen anderen.

Als der *Buddha*[1] die wahre Beschaffenheit der Welt und des *Geistes* entdeckte, hatte er den Weg zu Freiheit, Erkenntnis und vollkommener Zufriedenheit gefunden. Ihm war klar, dass, wenn er diese Erkenntnis mit anderen teilen würde, sie denselben Frieden und dasselbe Glücklichsein erfahren könnten wie er selbst.

Darum geht es im Buddhismus: Das Gefühl der Unzufriedenheit und des Sich-frustriert-Fühlens, einen Zustand des *Leidens*, zu überwinden und einen Zustand zu erreichen, in dem wir glücklich sind. Auf diesem Weg werden wir entdecken, dass vieles, von dem wir

1 *Kursiv* gedruckte Begriffe werden im Glossar (Seite 92) erläutert.

dachten, es würde uns glücklich und zufrieden machen, in Wirklichkeit eine Falle ist, die uns weiter in Irrungen und Schwierigkeiten gefangenhält. Die Grundfrage des Buddhismus lautet: Wie schaffen wir es, wirklich glücklich zu sein?

Im Gegensatz zu anderen Religionen betrachtet der Buddhismus Glück nicht als etwas, das uns von außen zuteil wird, zum Beispiel durch den Glauben an eine außerhalb unserer selbst liegenden Macht, wie einen gütigen Gott, der uns, wenn wir uns ihm in Wohlgefallen nähern, ein glückliches Leben schenkt. Im Buddhismus hält man nur einen Weg für gangbar, um Glück zu erlangen – den Weg der Schulung des eigenen Geistes. Darin unterscheidet sich der Buddhismus von anderen Religionen.

Der Buddha erkannte, dass es allein der Geist ist, der Glück und Leiden hervorbringt, ja dass er überhaupt der Urheber aller Erfahrungen und aller Situationen ist, in denen wir uns befinden können. Der Geist ist die einzige Ursache für alles in der Welt, vom höchsten Glück bis zum tiefsten Elend. Darum ist es sinnlos, außerhalb unserer selbst befindliche Götter zu verehren und zu ihnen zu beten, um Glück zu finden. Ebenso fruchtlos ist es, die äußere Welt manipulieren und nach unseren Wünschen umgestalten zu wollen, wenn wir glücklich sein möchten. Stattdessen müssen wir die wahren Gründe für das Glück und die wahren Gründe für das Leiden herausfinden, hier und jetzt in unserem Geist. Genau darum geht es im Buddhismus.

Die Existenz der Buddha-Natur –
Voraussetzung für den spirituellen Weg

Als Siddhartha Gautama vor 2500 Jahren in Bodhgaya in Indien meditierte, erkannte er unmittelbar die wahre Natur der Wirklichkeit. Dadurch wurde er zu einem Buddha, einem »Erwachten«. In den vielen darauf folgenden Jahren seines Lehrens betonte er wieder und wieder, dass das, was er erkannt hatte, die Erleuchtung, oder wie immer man es nennen mag, nicht etwas ist, das nur ihm widerfahren kann. Ihm war wichtig, allen klarzumachen, dass man Erleuchtung nicht auf außergewöhnliche Art und Weise entdecken muss. Da alle Wesen Geist besitzen, sind letztendlich auch alle in der Lage, Erleuchtung zu erlangen und damit die wahre, dauerhafte Ursache für Glück zu erkennen.

Der Buddha drückte dies mit folgenden Worten aus: »Alle Wesen besitzen die Buddha-Natur.« *Buddha-Natur* ist das Potential, ein Buddha zu werden. Männer, Frauen, Alte und Junge und sogar nicht-menschliche Wesen wie zum Beispiel Tiere besitzen es. Bei manchen verhindern im Moment vielleicht Situation und Existenzweise, dass dieses Potential sich voll entfalten kann. Doch alle Wesen besitzen die Möglichkeit und die Fähigkeit, erleuchtet zu werden, das heißt, ein Buddha zu werden. Ganz gleich, wie verwirrt wir sind oder waren, welche Leiden wir aushalten oder in der Vergangenheit ausgehalten haben, ganz gleich, wie klug oder wie dumm wir sein mögen: Wir alle besitzen dasselbe Potential zur Erleuchtung. Wer ernsthaft daran interessiert ist, Buddhismus zu praktizieren, sollte diesen entscheidenden Punkt nie vergessen.

Die Erkenntnis, dass es keinen wirklichen Unterschied zwischen gewöhnlichen Menschen wie uns und einem Buddha gibt, ist im Buddhismus eine sehr wichtige. Das Einzige, worin wir uns gegenwärtig von einem Buddha unterscheiden, ist, dass wir die Natur des Geistes nicht erkennen, wohingegen ein Buddha dies tut.

Viele Menschen, die sich einer Religion zugehörig fühlen, seien es nun Christen, Buddhisten, Juden, Moslems oder andere, hoffen durch die Religion ein Gefühl von Unzulänglichkeit und Schwäche überwinden zu können. Sie glauben, es fehle ihnen etwas und sie seien nicht vollständig. Und gleichzeitig sehnen sie sich nach etwas, das sie ausfüllen, »ganz machen« könnte. Diese Menschen gehen zwar davon aus, dass es so etwas wie »Erleuchtung«, »Vollkommenheit« oder »Frieden« gibt, aber sie halten sich selbst für zu minderwertig, zu unreif, dies selbst aus eigener Kraft verwirklichen zu können. Aus diesem Grund projizieren sie Ganzheit, Vollständigkeit und

Vollkommenheit auf ein außerhalb ihrer selbst existierendes Wesen. Sie erschaffen Gott oder eine andere Art Überwesen, das sie dann mit vielen wunderbaren Qualitäten – wie z. B. Liebe und Weisheit – ausstatten. Dadurch, dass sie dieses Wesen anbeten und sich selbst für geringer halten, glauben sie, Erlösung und Rettung finden zu können.

Doch weil sie sich damit als schwach, unfähig und verwirrt ansehen, haben sie einen unüberwindlichen Abstand zwischen sich und den Qualitäten von Liebe, Weisheit und Erleuchtung geschaffen, so dass sie diese niemals selbst werden verwirklichen und besitzen können. Alle herausragenden Eigenschaften haben sie auf dieses außerhalb ihrer selbst existierende Wesen projiziert. Je mehr sie dieses Wesen oder diesen Gott nun verehren, desto weiter entfernen sie sich von der Möglichkeit, diese Eigenschaften in sich selbst zu entdecken. So können die Menschen niemals glücklich werden, sondern sie werden sich immer nur weiter von sich selbst entfernen und entfremden.

Aus diesem Grund wurde der Buddha nicht müde zu betonen, dass es keinen grundsätzlichen Unterschied zwischen Buddhas und »fühlenden Wesen«, zwischen »Erwachten« und »unerwachten Wesen« gibt. Jedes Wesen hat Buddha-Natur, das Potential für Mitgefühl und Weisheit. Der einzige Unterschied ist, dass sich ein Buddha dieser Qualitäten ganz und gar bewusst ist und sie ohne Schwierigkeiten vollständig hervorbringen kann.

Um den Buddhismus erfolgreich zu praktizieren, brauchen wir eine gehörige Portion Vertrauen, man kann sogar sagen Selbstvertrauen. Diese Art Vertrauen bezieht sich nicht auf die eigenen Charaktereigenschaften, den persönlichen Besitz, die eigene Leistung oder Intelligenz, sondern auf die zeitlosen Qualitäten von Mitgefühl und Weisheit, die in uns und in allen Wesen vorhanden sind. Es ist entscheidend, dass wir aus einem Gefühl der Stärke, und nicht der Schwäche und Unterlegenheit heraus, den Weg des Buddha gehen, und aus diesem Grunde sind die Lehren über Buddha-Natur so überaus wichtig.

Die Grundlagen für unser Glück:

Zufluchtnahme zu den Drei Juwelen Buddha, Dharma und Sangha

In den verschiedenen Schulrichtungen des Buddhismus wird gesagt, die Basis für den Weg zur Erleuchtung sei die »Zufluchtnahme zu den Drei Juwelen«. Unter den Drei Juwelen versteht man den Buddha, seine Lehre, die auch *Dharma* genannt wird, und die Gemeinschaft der Praktizierenden, die *Sangha*. Traditionellerweise wird man Buddhist oder Buddhistin, wenn man zu diesen drei Juwelen Zuflucht nimmt.

Wie bereits erwähnt, brauchen wir Vertrauen in unsere eigenen Fähigkeiten, Erleuchtung zu erlangen. Doch auch wenn das, wonach wir suchen, schon in uns vorhanden ist, benötigen wir dennoch Unterstützung, um es zu erkennen und zu manifestieren. Wir brauchen die Drei Juwelen, um unsere Buddha-Natur zu enthüllen. Natürlich ist unsere Buddha-Natur nicht irgendwo außerhalb von uns, trotzdem kommen wir ohne eine Widerspiegelung im Außen nicht weiter. Die Hilfe von Außen, die wir brauchen, um unsere Buddha-Natur zu enthüllen, wird uns von den Drei Juwelen zuteil. Buddha, Dharma und Sangha sind nützlich, weil sie die Mittel sind, durch die wir das eigene Erleuchtungs-Potential erkennen und zur Entfaltung bringen können.

Zuflucht zu den Drei Juwelen zu nehmen bedeutet nicht, an sie zu glauben wie an einen wie auch immer gearteten Erlöser außerhalb von uns. Es bedeutet auch nicht zu glauben, sie könnten uns auf irgendeine magische Art retten oder erleuchten. Zufluchtnehmen heißt vielmehr voller Zuversicht auf die Hilfe vertrauen, die die Drei Juwelen repräsentieren. Dazu gehört auch das Wissen, dass wir selbst etwas tun müssen – mit Unterstützung der Drei Juwelen. Noch kurz vor seinem Tod ermutigte Buddha seine Schüler, in erster Linie auf sich selbst zu vertrauen. Damit meinte er, dass er uns zwar den Weg gezeigt hat, wir ihn aber selbst gehen müssen.

Das Erste Juwel: Der Buddha

Der Buddha ist das Erste Juwel, denn er ist das Fundament des Buddhismus. Auch wenn er vor 2500 Jahren gelebt hat, so ist er dennoch auch heute der wichtigste Lehrer für uns, weil er es war, der die wahre Natur des Geistes erkannt und dieses Wissen an uns weitergegeben hat. Er verstand, was Leiden verursacht und wie es beseitigt werden kann. Er erkannte, dass jeder leidvolle Zustand vom Festhalten an der Idee, es gäbe ein Selbst, herrührt und dass diese Anhaftung an ein Selbst durch Weisheit überwunden werden kann.

Der Buddha betonte, dass er nicht der erste in der Geschichte dieses Universums war, der dies entdeckte. Warum sollte er es auch gewesen sein? Zu allen Zeiten ist die Wirklichkeit ein und dieselbe.

Viele Weisen haben die Wahrheit vor ihm erkannt. Der Buddha enthüllte die wahre Natur der Dinge lediglich zu einer Zeit, in der dieses Wissen verloren gegangen war, vergessen, verdunkelt. Vor 2500 Jahren war der Buddha ein Offenbarer oder ein Wiederentdecker dieser zeitlosen Wahrheit. Das war von unschätzbarem Wert! Denn dadurch, dass der Buddha diese Wahrheit wieder entdeckt und seine Erkenntnis an andere weitergegeben hat, wissen wir, dass es einen Weg zur Befreiung gibt und dass wir alle ihn gehen können.

Das Erste Juwel, zu dem wir Zuflucht nehmen, ist also der Buddha, den wir als unseren Lehrer betrachten. Er ist für uns das beste Beispiel für das Potential, für die Möglichkeiten, die in uns selbst schlummern. Auf ihn zu vertrauen, uns auf ihn zu verlassen bedeutet, unsere wahre Natur in ihm widergespiegelt zu sehen. Wir nehmen Zuflucht zum Buddha als unserem Vorbild, wir vertrauen ihm als Lehrer bei der Entfaltung unserer Buddha-Natur.

Das Zweite Juwel:
Das Dharma, die Lehre des Buddha

Wir haben nun also Vertrauen zum Buddha als unserem Lehrer und Vorbild gefasst. Wie aber können wir unsere Buddha-Natur von all den wirren Ideen und Gefühlen, den schlechten und hinderlichen Gewohnheiten, die unser Potential zur Erleuchtung seit anfangsloser Zeit verdunkeln, befreien? Wie können wir all die falschen Grundannahmen über uns selbst, darüber wer und was wir sind, loslassen? Wie können wir uns von unseren falschen Auffassungen über unsere Beziehung zur Welt befreien sowie aus den Fesseln unserer Selbstsucht?

Wir können uns befreien, indem wir die Anweisungen und Methoden, die der Buddha seinen Schülern gab und die an uns weitergegeben wurden, prüfen und anwenden. Diese Anleitungen sind das Zweite Juwel, das Dharma.

Wenn wir zu den Lehren des Buddha Zuflucht nehmen, stimmen wir nicht einfach nur ihren Aussagen zu, als wären sie ein Glaubensbekenntnis, das wir in der Hoffnung herunterbeten, irgendwann einmal befreit zu werden. Die Lehren des Buddha sind kein Dogma, sie sind Arbeitsanweisungen. Wenn wir sie nicht praktisch umsetzen, ist es, als hätten wir alle Zutaten für ein Essen und das Kochrezept dazu, würden aber alles unbeachtet stehen lassen.

Woher können wir nun wissen, dass die Lehren des Buddha glaubwürdig sind? Dadurch, dass wir sie mit unserem eigenen Verstand prüfen. Eine solche Prüfung ist unabdingbar, wenn wir zur Lehre Zuflucht nehmen wollen, hat doch der Buddha selbst zu seinen Schülern gesagt: »Verlasst euch nicht auf das, was ich lehre, nur weil ich es sage. Probiert aus, ob das, was ich gesagt habe, funktioniert. Seid wie Händler, die eine Ware gründlich untersuchen, bevor sie sie kaufen.« Der Buddha hat uns eingeladen, aus der Nähe zu betrachten, zu prüfen und genau zu untersuchen, ob das Dharma uns weiterbringt. Wir müssen ganz sicher sein, ob das Rezept auch etwas taugt, sonst rühren wir womöglich eine ungenießbare Mahlzeit zusammen. Das Dharma steht für eine gründliche Untersuchung zur Verfügung. Jede und jeder sollte ausreichend Zeit investieren, die Lehre Buddhas genau zu prüfen.

Es gibt viele Menschen, die zu Anfang vollkommen begeistert sind vom Dharma, von einem buddhistischen Lehrer, einer Lehrerin oder von einer buddhistischen Gemeinschaft. Dieser positive Eindruck und das gute Gefühl führen dann leicht zu einer Art blindem Vertrauen in das Dharma. Wenn allerdings die Honeymoon-Zeit vorbei ist – was mit ziemlicher Sicherheit irgendwann der Fall sein wird –, sieht man sich wieder den Herausforderungen des ganz normalen Alltags gegenüber. Oft wird dann klar, dass unser Vertrauen in das Dharma nur auf wunscherfüllenden Gedanken und blinder Übernahme beruhte und es kein wirklich echtes Vertrauen war. Geht es uns dann vielleicht einmal schlecht und wir hätten das Dharma wirklich nötig, ist es nicht da. Es hat sich aufgelöst wie Nebel.

Von daher ist es besser, sich wirklich Zeit zu nehmen, genau über Buddhas Lehre nachzudenken, und sie mit der eigenen Erfahrung und dem gesunden Menschenverstand zu überprüfen. Dazu ist jede und jeder imstande; es bedarf keiner großartigen intellektuellen Spitzfindigkeiten. Wenn wir überzeugt sind, dass das Dharma Hand und Fuß hat, wenn wir sicher sind, dass es für uns Sinn macht, dann können wir die Lehren anwenden. Unser Verständnis vom Dharma wird sich mit der Zeit immer mehr vertiefen, denn niemand kann alle Lehren auf einmal aufnehmen. Am Anfang reicht es, so viel zu verstehen, dass wir in der Lage sind, grundlegende Aspekte des Dharma zu überprüfen, anzuwenden und die Ergebnisse zu betrachten. Wenn wir zufrieden damit sind, können wir uns um weitere Anleitungen bemühen.

Manchmal sind wir in Versuchung, die Lehren einfach unkritisch hinzunehmen, vielleicht weil wir jemandem gefallen oder imponieren wollen, weil wir uns einer Gruppe zugehörig fühlen wollen, weil wir uns von interessanten Ritualen blenden lassen oder weil wir von den netten Leuten beeindruckt sind. Auf diese Art Zuflucht zum Dharma zu nehmen ist weder richtig noch besonders klug. Im Schnitt dauert es eine ziemlich lange Zeit – meistens sind es zehn bis fünfzehn Jahre –, bis wir so weit sind, dass wir die Lehren wirklich verinnerlicht haben. Wenn wir uns klarmachen, dass wir unser ganzes Leben auf dieser Überzeugung aufbauen wollen, ist das wirklich kein zu langer Zeitraum.

Vollkommen unangemessen wäre es, jemanden zum Buddhismus »bekehren« zu wollen. Der Buddha selbst sagte, dass das Dharma nur dann gelehrt werden sollte, wenn danach gefragt wurde. Die Menschen müssen offen dafür sein. Es wäre Unsinn, Menschen einzureden, ihr Weg sei der falsche und sie sollten zum Buddhismus konvertieren. Das käme einer Missionierung gleich, was ganz und gar nicht im Sinne des Buddhismus ist.

Darum werden die Lehren des Dharma traditionellerweise auch nur an die weitergegeben, die den Wunsch äußern, sie kennenzulernen. Der erste Schritt muss von einem selbst kommen, der zweite Schritt besteht in der sorgfältigen Prüfung, im Untersuchen der Lehren. Sie sind kein zerbrechliches Schmuckstück, das in Stücke zerfällt, wenn man es kritisch unter die Lupe nimmt. Es gibt den Buddhismus seit 2500 Jahren in Ländern, in denen sehr nachdenkliche, kritische, hart arbeitende Menschen leben. Der Buddhismus fordert uns auf, die Lehren sorgfältig von allen erdenklichen Seiten zu betrachten.

Das Dritte Juwel:
Die Sangha, die Gemeinschaft

Die Sangha ist die Gemeinschaft aller Übenden. Mit Sangha ist allerdings nicht eine Gemeinschaft im Sinn einer besonderen buddhistischen Organisation oder eines bestimmten buddhistischen Tempels gemeint. Der Buddhismus bestand schon immer aus vielen verschiedenen Traditionen und Überlieferungslinien. Wenn man zum Dritten Juwel Zuflucht nimmt, nimmt man nicht nur Zuflucht zu einer bestimmten Gruppe von Übenden, sondern zu einer viel größeren, umfassenderen Sangha, die aus all den Männern und Frauen besteht, die vor uns die Lehren praktiziert haben. Vor allem aber besteht die Gemeinschaft aus denjenigen Männern und Frauen, die gegenwärtig die Lehren des Buddha praktizieren. Das ist die wirkliche Sangha.

Sie sind unsere Gefährten, unsere guten Freunde und Freundinnen auf dem Pfad des Dharma. Sie unterstützen uns, wenn wir in Schwierigkeiten sind, und geben gute Ratschläge, wie wir am besten üben und leben können, damit unsere Buddha-Natur sich entfalten kann. Es sind ganz normale Männer und Frauen, so wie wir selbst. Sie haben bereits Erfahrung damit, wie man sein Leben im Sinne des Dharma führen kann.

Braucht man eine Gemeinschaft, im Sinne der gegenwärtig Praktizierenden, denn unbedingt? Man könnte meinen, dass dieses Dritte Juwel überflüssig sei, da man die Lehren ja einfach für sich allein praktizieren könne und andere dafür nicht notwenig seien. Wenn man sich aber die Wirklichkeit anschaut, dann ist diese Überlegung etwas unrealistisch. Wir brauchen gute Freunde und Gefährten. Denn in erster Linie sind wir Gemeinschaftswesen. Aber mehr noch als das, wir sind tatsächlich voneinander abhängig und miteinander verbunden. Wir können unsere spirituelle Praxis nicht als etwas Privates von allem anderen Losgelöstes betrachten. Eine solche Sicht führt nur zu einer selbstverschuldeten Isolation, einer Art Gefängnis, und damit zu weiterem Leiden, hervorgerufen durch unsere Selbstbezogenheit. Aber gerade diese Selbstbezogenheit müssen wir überwinden, ist sie doch eine zentrale Ursache für unser Leiden. Durch sie fühlen wir uns als eine Insel, getrennt vom Rest der Welt. Wenn wir den buddhistischen Lehren folgen, dem Weg der Entfaltung unserer Buddha-Natur, dann bedeutet das auch, uns selbst als soziale und miteinander im Austausch stehende Wesen zu begreifen, als Teil der Welt und als Teil eines Netzwerkes von Lebenwesen.

Was kann es für unsere spirituelle Praxis Besseres geben, als dass wir ein Gespür für das Miteinanderverbundensein entwickeln? So können wir nämlich unsere Praxis auch als Teil der Anstrengungen aller Männer und Frauen verstehen, die die buddhistischen Lehren praktizieren. Sie alle sind unsere Gefährten, unsere Freundinnen, sie alle haben dieselben Beweggründe. Ohne ein solches Gemeinschaftsgefühl kommen wir leicht in Gefahr, uns abzusondern, zu vereinsamen und unser Vertrauen zu verlieren. Oder wir verfallen ins andere Extrem, werden arrogant und sind nur noch auf uns selbst und unseren spirituellen Weg bedacht.

Aus all diesen Gründen ist die Sangha, das Dritte Juwel, für uns so wichtig. Sie unterstützt uns bei der Praxis des Dharma, des Zweiten Juwels; und diese führt uns dazu, ein Erwachter, ein Buddha, zu werden, das Erste Juwel. Das ist die wahre Bedeutung der Zufluchtnahme zu den Drei Juwelen.

Die Vier Edlen Wahrheiten

Wenige Wochen nach seiner Erleuchtung traf der Buddha in Varanasi seine früheren Gefährten wieder, mit denen er jahrelang verschiedene Arten des Yoga, der Askese und Selbstkontrolle praktiziert hatte. Der Buddha hatte diese Techniken aufgegeben, als er merkte, dass sie nicht zu der klaren und unverstellten Sicht der Wirklichkeit führten, die er suchte. Er hatte seine Gefährten verlassen und alleine meditiert. Bei ihrem Wiedersehen verhielten sich die Asketen dem Buddha gegenüber zunächst sehr reserviert, denn sie verachteten ihn dafür, dass er von ihrem harten, entbehrungsreichen Weg Abstand genommen hatte. Doch seine ungezwungene, natürliche Ausstrahlung ließ ihre Ablehnung dahinschmelzen, und sie baten ihn zu erklären, was mit ihm geschehen sei, nachdem er sie verlassen hatte. Da offenbarte ihnen der Buddha die Lehre der Vier Edlen Wahrheiten, die Lehre über das Leiden, seine Ursachen, die Befreiung vom Leiden und die Ursache der Befreiung, den Edlen Achtfachen Pfad. Dadurch setzte er das machtvolle Rad der Lehre in Bewegung.

Dieses Wiedertreffen alter Freunde vor 2500 Jahren in einem Wildpark in Nordindien war die Geburtsstunde des Buddhismus. Es spielt keine Rolle, welche buddhistische Tradition wir betrachten, der Grundstein zu jeder Unterweisung und jeder Meditationspraxis wurde an diesem Tag gelegt. Um die Bedeutung der Vier Edlen Wahrheiten vollständig zu begreifen, dauert es viele Jahre, manchmal sogar einige Leben des Studiums und der Praxis. Wir brauchen große Energie und großes Durchhaltevermögen, um die vollständige Vision der Vier Edlen Wahrheiten wirklich im tiefsten Inneren zu verstehen. Wenn wir diese Unterweisungen das erste Mal hören, verstehen wir nur zum Teil, was damit gemeint ist. Vielleicht kommen sie uns auch dogmatisch und moralisch vor. Doch je weiter wir auf dem Pfad voranschreiten, desto mehr wird uns auch deren tiefere Bedeutung bewusst. Tatsächlich können wir sagen, dass jede Art der Dharmapraxis eine Meditation über diese Vier Edlen Wahrheiten ist.

Zu Beginn können wir Buddhas Darlegung der Vier Edlen Wahrheiten durch den folgenden Vergleich verstehen: Wie ein kluger und erfahrener Heiler diagnostiziert der Buddha zunächst einmal unsere Krankheit. Alle unsere Erfahrungen besitzen eine gemeinsame Eigenschaft: Sie sind gekennzeichnet durch verschiedene Stufen von Enttäuschung und Leiden. Das ist die Erste Edle Wahrheit: Alles, was wir erleben und erfahren ist durchdrungen von Leid. Alle menschliche Existenz ist ohne Ausnahme den grundlegenden Leiden von Geburt, Krankheit, Altern und Tod unterworfen. Als nächstes analysiert dieser hervorragende Heiler die Ursache unserer Krankheit: Unser Leid rührt her von unserem Habenwollen, unserem Nach-etwas-Greifenwollen, vor allem von unserer Anhaftung an die Fiktion eines »Selbst«, eines eigenständigen »Ich«. Das ist die Aussage der Zweiten Edlen Wahrheit. Der Buddha-Heiler ist jedoch mit der bloßen Analyse unserer Situation noch nicht zufrieden. Er eröffnet uns, dass wir diesem Zustand nicht hilflos ausgeliefert sind. Er erklärt uns, dass wir vom Zustand des Leidens auch frei werden können. Eine solche Freiheit ist *Nirvana*, die Dritte Edle Wahrheit. Schließlich gibt uns der heilkundige Buddha die Mittel in die Hand, mit denen wir einen solchen Zustand höchster Gesundheit erlangen können, und er verschreibt uns in der Vierten Edlen Wahrheit ein wirksames Heilmittel: nämlich die Praxis des Edlen Achtfachen Pfades.

Es ist wichtig, sich zu verdeutlichen, dass in dieser Lehre kein Trübsinn und keine Hoffnungslosigkeit enthalten sind. Der Buddha sagte nicht, dass Leiden unser Normalzustand ist, wie manche Menschen glauben. Unser Normalzustand ist vielmehr das Freisein von jeglichem Leid, der Zustand von Nirvana. Der Umstand, dass wir leiden, dass wir uns in *Samsara*, dem Kreislauf von Geburt und Tod, befinden, kennzeichnet zwar unsere momentane Lebensform. Das bedeutet aber nicht, dass dies immer und ewig so bleiben muss. Dass es im Augenblick so ist, hat Ursachen und Bedingungen, und diese können wir verändern.

Der Grund für unsere Entfremdung von unserer wahren Natur ist unser Festhalten an der Vorstellung eines »Selbst«. Wir sind auf die Idee fixiert, es gebe in uns eine unabhängige, unvergängliche, alles unter Kontrolle haltende Essenz, kurz gesagt ein »Selbst«. Dieser gewohnheitsmäßige blinde Glaube sondert uns ab vom Rest der Wirklichkeit. Das ist die große Fiktion, die letztlich all unserem Leiden zugrunde liegt.

Der Buddha begnügte sich, wie bereits erwähnt, nicht damit, diesen Sachverhalt aufzuzeigen, sondern er machte klar, dass eine Heilung unserer Krankheit möglich ist. Er betonte, dass alle Wesen das Potential haben, vom Leiden frei zu werden. Schließlich verschrieb er voller Klugheit und Mitgefühl die Praxis des Achtfachen Pfades, als das Mittel, wie wir Freiheit vom Leid erlangen können.

Der Edle Achtfache Pfad –

Richtige Sichtweise, richtige Absicht, richtiges Handeln, richtiges Sprechen, richtiger Lebenserwerb, richtige Anstrengung, richtige Achtsamkeit, richtige Konzentration

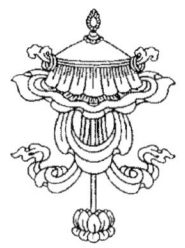

Der Edle Achtfache Pfad beginnt mit der richtigen Sichtweise. Der Begriff »richtig« ist hier im Sinn von »korrekt«, »vollkommen«, »unmittelbar« zu verstehen. Mit anderen Worten: Die Sichtweise, um die es geht, ist keine partielle Sicht der Wirklichkeit. Der erste Teil des Achtfachen Pfades handelt also von der vollkommenen, vollständigen Sichtweise. Eine solche brauchen wir, denn eine spirituelle Reise ist kein automatischer Vorgang. Wir können keine wirkliche Freiheit erlangen, solange wir blind irgendwelche Rituale ausführen und gutgläubig Regeln befolgen. Freiheit werden wir nur durch Weisheit erlangen können. Ohne Kenntnis der richtigen Sichtweise können wir auf unserem Weg keine sinnvolle Richtung einschlagen und werden weiterhin von unseren Gewohnheiten in die Irre geführt.

In vielen *Sutras* ist beschrieben, wie die richtige Sichtweise die

Anhaftung an den Glauben, es gebe ein Selbst, durchschneidet und zudem auch die Perspektiven des *Eternalismus* und *Nihilismus* zu durchschauen hilft.

Die Sichtweise des Eternalismus bezeichnet den Glauben, es gebe etwas, das niemals vergehen wird. Dem widersprechend hat der Buddha gezeigt, dass alles, was aufgrund von Bedingungen existiert, vorübergehender Natur ist. Er sagte: »Das Ende jeder Zusammenkunft ist Abschied; das Ende jeden Aufstiegs ist Fall.«

Die Sichtweise des Nihilismus ist das genaue Gegenteil des Eternalismus; sie ist der Glaube an Nichtexistenz und geht von daher auch einher mit der Ablehnung von vergangenen oder zukünftigen Leben. Ein solches Denken lehnt die Kontinuität des Bewusstseins von Leben zu Leben ab, um den unvermeidlichen Konsequenzen von Handlungen zu entgehen.

Unsere Fixierung auf diese falschen Sichtweisen hat zu einer Katastrophe geführt: Sie hat uns von der Wirklichkeit entfremdet und uns in einem Kampf mit Schatten zurückgelassen. Wie können wir da überhaupt die richtige Sichtweise entwickeln? Zunächst einmal müssen wir verstehen, dass es nicht nur darum geht, unser intellektuelles Bezugssystem zu ändern, sozusagen das altmodische philosophische Denken gegen »modernes« buddhistisches Denken auszutauschen. Diese falschen Sichtweisen und Denkgewohnheiten sind viel zu tief in unseren Gefühlen verwurzelt, als dass wir ihnen mit dem Verstand beikommen könnten. Eternalistische Vorstellungen sind zum Beispiel meistens Manifestationen eines zwanghaften Verlangens nach Objekten. Das schließt unvermeidlich die Hoffnung mit ein, dass diese Objekte dauerhaft sein mögen. Auf der anderen Seite entstammen nihilistische Sichtweisen, so auch der zeitgenössische philosophische Materialismus, oft starken aggressiven Impulsen, die alles, was geheimnisvoll zu sein scheint und dem Intellekt nicht zugänglich, nichtexistent machen wollen. Der einzige Weg, diese Sichtweisen zu überwinden und eine richtige Sichtweise zu entwickeln, liegt darin, sich die Unterweisungen des Buddha anzuhören, über sie nachzudenken, und sie schließlich durch Meditation in die Praxis umzusetzen.

Der zweite Teil des Edlen Achtfachen Pfades ist richtige Absicht oder richtige Einstellung. In den Sutras wird richtige Absicht als eine Lebenseinstellung definiert, die frei ist von den vergifteten Gefühlen Böswilligkeit und Habgier. So lange wir gewohnt sind, andere als Objekte anzusehen, die wir besitzen wollen, weil wir meinen, sie garantierten uns Sicherheit, oder die wir besiegen wollen, weil wir meinen, sie bedrohten unsere Sicherheit, werden wir auch kein offenes Herz haben. Wenn wir uns dagegen öffnen und mit unserer Gewohnheit brechen, uns engherzig und berechnend auf die Welt zu beziehen, können wir Erfahrungen zu machen, die frei sind von Verzerrungen.

Die ersten beiden Aspekte des Achtfachen Pfades, richtige Sichtweise und richtige Absicht oder Einstellung, geben uns den Raum, den wir brauchen, um unser Verhalten verändern zu können. Dies ermöglicht uns, jede Situation mit klarem Verstand anzugehen, und drückt sich in den nächsten drei Stufen des Pfades aus: richtiges Handeln, richtiges Sprechen und richtige Lebensweise.

Richtiges Handeln bedeutet in erster Linie, dass wir anderen keinen Schaden zufügen. Es bedeutet, nicht zu töten, vor allem natürlich kein menschliches Leben zu beenden – vom Augenblick der Empfängnis an bis zum Tod. Weiterhin umfasst es, den Wunsch der anderen, glücklich zu sein, genauso ernst zu nehmen wie unseren eigenen. Zum richtigen Handeln gehören des Weiteren: nicht zu stehlen, andere nicht auszubeuten sowie ein sexuelles Verhalten zu unterlassen, das anderen Schaden zufügt und uns selbst entwürdigt.

Vielleicht glauben wir, richtiges Sprechen, das vierte Glied des Pfades, sei weniger wichtig als richtiges Handeln, aber das ist ein großer Fehler. Denn schauen wir uns einmal an, wie viel Aggression und Manipulation durch Worte transportiert werden! Richtiges Sprechen bedeutet Abstand zu nehmen vom Lügen, Tratschen, dem unüberlegten Gebrauch wütender Worte sowie davon, unsere Zeit mit oberflächlichem, nichtssagendem Geplänkel zu vertun. In diesem Zusammenhang können wir uns an die Worte des berühmten indischen Gelehrten Atisha erinnern: »Wenn du unter Menschen bist, achte darauf, was du sagst. Wenn du allein bist, beobachte deinen Geist.«

Das nächste Glied des Achtfachen Pfades ist der richtige Lebens-

erwerb. Es überrascht uns vielleicht, dass der Buddha ein so »weltliches« Thema in seine spirituelle Unterweisung aufgenommen hat. Doch rührt dies Befremden wahrscheinlich daher, weil wir im Westen gewohnt sind, Religion und Alltag strikt auseinander zu halten. Die Lehren des Buddha aber umfassen alle Aspekte von Leben und Tod. Da wir etwas zu essen brauchen und außerdem ein Dach über dem Kopf, hat uns der Buddha auch die richtige Sichtweise für unseren Lebenserwerb gelehrt. Für uns, die wir nicht als Mönche oder Nonnen leben, bedeutet das, dass wir jede Form von Arbeit ablehnen sollten, die mit der Zerstörung von Leben zu tun hat oder die auf irgendeine Art anderen Unglück und Leiden bringt.

Der sechste Teil des Achtfachen Pfades ist richtige Anstrengung. Das bedeutet, wir sind darum bemüht, unserem selbstsüchtigen Verhalten ein Ende zu setzen und zu verhindern, dass es in Zukunft wieder auftritt. Stattdessen verstärken wir jede Art heilsamen Tuns und üben uns darin, es weiterzuentwickeln und auszudehnen.

Richtige Achtsamkeit ist der siebte Aspekt des achtfachen Pfades. Unachtsamkeit, die grundlegende Ursache für all unser Leid, ist keine Kraft, die uns von außen überfällt. Sie existiert in jedem Augenblick von neuem in unserem Bewusstseinsstrom. Deshalb ist es wichtig, uns in sämtlichen Bereichen unseres Lebens um richtige Achtsamkeit zu bemühen. Wir haben die starke Gewohnheit, uns entweder mit der Vergangenheit zu beschäftigen oder fixiert auf die Zukunft zu sein. Meist sind wir überall, nur nicht im Hier und Jetzt, im gegenwärtigen Augenblick. Die Essenz der Achtsamkeit ist es, unseren Geist zurückzubringen in die Gegenwart, in die Jetztheit.

Gelingt es uns mehr und mehr, achtsam im gegenwärtigen Moment zu sein, so entwickelt sich in unserem Leben eine neugewonnene Einfachheit, und sie bereitet den Weg für die richtige Konzentration, den letzten Aspekt des Achtfachen Pfades. Ist unser Geist früher von Objekt zu Objekt geflattert, so ist er jetzt in der Lage eins zu sein mit dem, was gerade geschieht, sei es in der Meditation oder im Alltag. Das ist es, was mit richtiger Konzentration gemeint ist: ein Zustand, in dem der Geist voll stabiler Ruhe und klarer Offenheit ist. Alle trennenden Bestrebungen des samsarischen Geistes sind zur Ruhe gekommen.

Wir können die acht Glieder des Pfades in drei Grundübungen unterteilen: Moral, Meditation und Weisheit. Moral, ethisch einwandfreies Verhalten, umfasst richtiges Handeln, Sprechen und richtigen Lebenserwerb; Meditation schließt richtige Anstrengung, Achtsamkeit und Konzentration ein; und Weisheit umfasst richtige Sichtweise und Absicht. Die Aspekte des Edlen Achtfachen Pfades sind natürlich nicht als lineare Abfolge zu verstehen, sondern sie sind eng miteinander verbunden: Wie könnte es ohne die Entwicklung von ethisch einwandfreiem Verhalten eine unterstützende Umgebung für uns geben, die wir doch aber für die Meditationspraxis brauchen? Wie könnten wir ohne natürliche Entspanntheit und Eingerichtetheit, die durch Meditation entstehen, die Flexibilität und

Schärfe des Geistes entwickeln, die wir für die Entfaltung der Weisheitsaspekte richtige Sichtweise und Absicht brauchen? Die Übung eines jeden Teils des Pfades ist also unabdingbar und keiner sollte zugunsten eines anderen vernachlässigt werden.

Die Weisheit des Buddha verstehen: Die Vier Siegel

Weitere Hauptlehren des Buddhismus werden in den sogenannten Vier Siegeln zusammengefasst. Sie bezeichnen vier grundlegende Sichtweisen, mit deren Hilfe wir die Welt der Erscheinungen analysieren und verstehen können:

- ○ Alle *Phänomene*, die auf Grund von Bedingungen entstanden sind, werden auch wieder vergehen.
- ○ Alle Erscheinungen sind von Leiden begleitet.
- ○ Alle Erscheinungen sind leer beziehungsweise ohne ein Selbst.
- ○ Nur Nirvana ist vollkommener Friede.

Diese Vier Siegel sind die Kennzeichen der buddhistischen Lehre. Sie werden »Siegel« genannt, weil sie etwas als buddhistische Lehre besiegeln oder bestätigen. Die Essenz des Buddhismus ist in diesen vier Punkten enthalten. Natürlich reicht es nicht aus, diese vier voll blindem Vertrauen einfach auswendig zu lernen und herzubeten. Man muss ihre Bedeutung verstehen. Dazu ist es wichtig, die Lehren und Anleitungen zur Kenntnis zu nehmen, sie zu überprüfen und sie schließlich in die Praxis umzusetzen. Mit anderen Worten: Durch Hören, Nachdenken und Meditieren gelangen wir dahin, dass wir selbst die Wahrheit eines jeden der Vier Siegel aus eigener Erfahrung bestätigen können.

Wir beginnen mit dem Ersten Siegel, der Behauptung, dass alle Erscheinungen vergänglich sind, beschäftigen uns intensiv damit und gehen dann zu den anderen drei Siegeln über. Bei jedem Siegel sollten wir durch den Prozess von Hören der Lehre, Nachlesen, Nachdenken, Analysieren gehen und dann die Anweisungen in die Praxis umsetzen. Nur so wird eine Behauptung wie z.B. die, dass »alles, was erscheint, mit Leiden verbunden ist«, für uns wirklich nachvollziehbar. Sie wird durch diesen Prozess zu etwas, das wir im eigenen Inneren erfahren haben.

Die Vier Siegel bauen aufeinander auf. Vergänglichkeit ist das Erste Siegel, weil sie am leichtesten in ihrer ganzen Tragweite erkannt und erfahren werden kann. Das Zweite Siegel, die Tatsache, dass alle Erfahrungen, die aus einer Haltung der Selbstbezogenheit heraus gemacht werden, sogenannte befleckte, verunreinigte Erfahrungen sind und deshalb Leiden bedeuten bzw. Leiden zur Folge haben, ist schon nicht ganz so leicht zu verstehen. Das Dritte Siegel, die Tatsache, dass alle Erscheinungen ohne Selbst sind und auch in unserem Körper und Geist kein Selbst zu finden ist, ist noch schwerer zu verstehen. Das Vierte Siegel, dass nur Nirvana Frieden bedeutet, ist die komplexeste Unterweisung.

Wir sollten den buddhistischen Weg Schritt für Schritt gehen, und nicht zu schnell. Es geht nicht darum, sofort die höchsten Unterweisungen zu erhalten. Besser ist es, sich auf das zu konzentrieren, was unseren Alltagserfahrungen am nächsten ist. Im Falle der Vier Siegel ist dies die Lehre der Vergänglichkeit.

Das Erste Siegel: Die Vergänglichkeit aller Phänomene

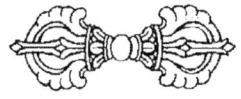

Obwohl die Unbeständigkeit und Vergänglichkeit aller Dinge eigentlich ziemlich offensichtlich ist, neigen wir dazu, diese Tatsache zu verdrängen. Was auch immer wir betrachten mögen, die Tiefen des Weltalls, den eigenen Geist oder gedankliche Prozesse, nirgends können wir etwas finden, das wirklich unveränderlich ist und für immer und ewig bleibt. Wir können Dinge finden, die es für eine sehr lange Zeit gibt, wie zum Beispiel die Erde. Doch vor dem Hintergrund der Entstehungsgeschichte des Weltalls währt auch das Dasein der Erde nur einen kurzen Augenblick. Nun könnten wir meinen, das Sonnensystem oder diese Galaxie existiere ewig, aber auch da müssen wir uns von den Forschungen der Astronomie eines Besseren belehren lassen. Manche der am weitesten von uns entfernten Sterne existieren schon nicht mehr, wenn ihr Licht uns erreicht. Wenn diese riesigen Bausteine unserer Welt schon vergänglich sind, wie können wir dann weiterhin an unsere eigene Beständigkeit glauben?

Selbst wenn wir vom Verstand her eingesehen haben, dass auch wir der Vergänglichkeit unterworfen sind, dass auch wir nicht ewig leben werden, bedeutet das noch lange nicht, dass wir dies auch gefühlsmäßig verstanden haben. Im Ersten Siegel geht es genau darum: Zu ergründen, was es wirklich bedeutet, dass ich und alle Wesen vergänglich sind und wir alle irgendwann sterben müssen. Nur den Zeitpunkt unseres Todes, den kennen wir nicht.

Vergänglichkeit ernst nehmen bedeutet auch erkennen, dass so gut wie alle Anstrengungen, die wir unternehmen, um Bedeutung, Glück oder Sicherheit zu erlangen, reine Zeitverschwendung sind. Im Grunde genommen sind sie mehr als Zeitverschwendung, sie sind Ausdruck von Selbsttäuschung, durch die wir uns die Möglichkeit nehmen zu erkennen, was wirklich von Wert ist, was zeitlos ist, was nicht geboren wurde und was nicht sterben wird: die wahre Natur unseres Geistes.

Der Buddhismus lehrt uns, dass es Sinn macht, nach etwas zu suchen, das dauerhaft ist, etwas, das nicht vergeht. Zunächst aber müssen wir die Welt in ihrer ganzen Vergänglichkeit und Unbeständigkeit erfassen. Es reicht nicht zu sagen: »Oh ja, natürlich, alles vergeht, ich finde mich damit ab.« Vielleicht akzeptiert man im Kopf, dass alles vergänglich ist, aber nicht im Herzen. Wir müssen jede Facette der eigenen Erfahrungen und der Welt unter die Lupe nehmen und so lange nachschauen, ob es irgend etwas gibt, das dauerhaft sein könnte, bis wir absolut überzeugt, absolut sicher sind, dass alles nur vorübergehender Natur ist und dass uns deshalb nichts wirkliche Sicherheit oder wirkliches Glück geben kann. Unser Körper, Besitz, Status, unsere Beziehungen, Talente, Anschaffungen, Meinungen, alles ist vergänglich.

Die große Frage ist: Was von all dem, woran ich im Moment so sehr hänge, was mir so viel bedeutet, werde ich ich bei meinem Tod mitnehmen können? Die Antwort wird natürlich »nichts« sein. Nichts davon wird auch nur von geringstem Nutzen sein, wenn wir sterben. Zum Zeitpunkt des Todes trennt sich der Geist vom Körper. Der Körper wird in der einen oder anderen Weise wieder zu den Elementen zurückkehren, der Geist aber wird weiter bestehen. Doch da der Geist keine Gestalt hat, da er formlos ist, kann er keine Häuser,

Beziehungen, Berufe, kein Ansehen mitnehmen. Das Einzige, was der Geist mitnehmen kann, ist der »Schatten« unserer Taten, die wir im Leben begangen haben. Dieser Schatten wird dafür verantwortlich sein, welchen Körper der Geist als nächstes annehmen wird, wie er sich wieder verkörpern wird.

Zum Zeitpunkt des Todes kann uns nur das Dharma helfen. Das sollten wir uns zu Herzen nehmen und mit unserem Alltag zu verbinden suchen, bis wir das Erste Siegel, die Wahrheit, dass alle Erscheinungen vergänglich sind, vollkommen durchdrungen haben. Welch unglaubliche Veränderung unseres Lebens, wenn wir das eingesehen haben! Eine Riesenlast wird uns von den Schultern fallen, wenn wir die Vergänglichkeit akzeptieren, wenn wir uns in die Vergänglichkeit hinein entspannen. Wir brauchen nicht mehr an alten Blockaden und Vorstellungen festzuhalten. Wir brauchen uns gegen nichts mehr zu verteidigen. Es gibt so viel, für das wir hart arbeiten, so viel, was wir planen, so viel, über das wir uns Sorgen machen, doch in Wirklichkeit ist das alles nicht nötig. Mit anderen Worten: Es bringt eine große Entspannung, wenn wir Vergänglichkeit akzeptieren. Es kann Raum und Freude in unser Leben bringen. Eine Freude, die entsteht, wenn wir all diese unnötigen Lasten loslassen, dieses unnötige Gepäck, das wir im Moment noch mit uns herumtragen.

Das Zweite Siegel:
Erscheinungen sind von Leid begleitet

Das Zweite Siegel besagt, dass alle Erscheinungen von Leiden begleitet sind, oder anders ausgedrückt, dass alle unreinen Erfahrungen von Körper und Geist durch Leiden verdunkelt sind. Dieses Siegel weist auf die Tatsache hin, dass wir ohne Erleuchtung dem Leiden nicht entrinnen können.

Es gibt kein einziges Wesen, das nicht glücklich sein will, doch die Tragödie des Ganzen ist, dass wir im Allgemeinen an den falschen Stellen nach Glück suchen. Wir werden nicht wirklich und dauerhaft glücklich, wenn wir uns an Erscheinungen klammern, die vergänglich sind, seien es Erscheinungen des Körpers oder des Geistes. Doch da wir das bis jetzt noch nicht wirklich verstanden haben, versuchen wir von Augenblick zu Augenblick, von Tag zu Tag, von Beziehung zu Beziehung, von Leben zu Leben ununterbrochen die Welt so zu arrangieren, dass sie uns wirkliches, dauerhaftes Glück bereitstellt. Selbst wenn es uns gelingt, Dinge, die wir haben wollen, zu bekommen, macht uns das letztendlich nicht wirklich glücklich. Nach einer gewissen Zeit erfüllen sie nicht mehr unsere Erwartungen, stillen nicht mehr unsere Sehnsucht, ihre Schönheit vergeht, und etwas anderes zieht uns mehr an, das wir nun begehren und in unseren Besitz bringen wollen. Diesen Zustand nennt man Samsara – den anfangslosen Kreislauf von Leid und Frustration. Es ist die Eigenschaft von Samsara, dass unser Leiden umso stärker wird, je mehr wir nach Dingen verlangen.

Wir sollten genau untersuchen, ob irgendwelche Dinge, nach denen wir uns verzehrten, uns glücklich und zufrieden gemacht haben, als wir sie endlich bekamen. Hat irgendetwas davon unsere Niedergeschlagenheit, unsere Unzufriedenheit, unser Leid dauerhaft vermindert? Natürlich nicht. Sonst wären wir nicht weiter auf der Suche nach dem heiligen Kuss, der unser ganzes Leben dauern soll. Wenn wir den Zauberschlüssel für das Glücklichsein gefunden hätten, würden wir ihn schon längst benutzt haben. Es scheint so, als wären wir nicht in der Lage, die richtigen Schlussfolgerungen aus unseren vergangenen Erfahrungen zu ziehen, nämlich zu erkennen und zu akzeptieren, dass es nichts gibt, das unsere Sehnsucht stillt. Es ist die Macht der Gewohnheit, die uns in dieser Täuschung verharren lässt. Sie bewirkt, dass wir jede einzelne Enttäuschung sofort wieder vergessen, damit wir wieder von neuem mit der Suche beginnen können. Dies ist jedoch eine vollkommen nutzlose Suche, denn die Welt ist kein Laden, in dem wir Glück kaufen könnten.

So heißt es im *Sutra von der Grundlage des Gewahrseins:*

> … Es gibt nicht eine Nadelspitze an Glück in Samsara.
> Die Wesen in der Hölle leiden unter dem Höllenfeuer,
> die Hungergeister leiden unter Hunger und Durst,
> die Tiere leiden darunter, sich gegenseitig aufzufressen,
> Menschen leiden darunter, ein kurzes Leben zu haben,
> Halbgötter leiden unter Kriegen und Streitereien,
> und die Götter leiden unter ihrer eigenen Sorglosigkeit …

Leiden durchdringt alle Erfahrungsmöglichkeiten in Samsara. Im Buddhismus wird der Erfahrungsspielraum samsarischer Situationen oft durch die sogenannten Sechs Bereiche charakterisiert. Eigentlich gibt es so viele Bereiche, wie es Erfahrungen gibt, wie es Wesen gibt, die Erfahrungen machen. Dennoch sprach der Buddha von sechs Hauptbereichen: dem der Höllenwesen, Hungergeister, Tiere, Menschen, Halbgötter und Götter. Vier dieser Bereiche bezeichnen natürlich keine physisch greifbaren Orte, sondern existieren nur in der Vorstellung. Aus diesem Grund werden auch die schlimmsten Erfahrungen der Höllenbereiche und die wunderbarsten Erfahrungen im Bereich der Götter in Wirklichkeit nur im Geist erlebt. Dennoch sind diese Erfahrungen und Bereiche wirklich genug, als dass alle Wesen in sie hineingeraten und sich darin verfangen können. Von anfangsloser Zeit an wurden unserem Bewusstseinsstrom Erfahrungen aus allen Bereichen zuteil. Selbst jetzt in unserem Leben als Mensch gibt es Zeiten, in denen wir flüchtige Eindrücke von den anderen Bereichen bekommen. Dies ist möglich, weil ein Same von jeder dieser Sphären – von den Höllen bis zu den Himmeln – in unserem Geist enthalten ist. Betrachten wir zum Beispiel intensive Gefühle von Hass. Jeder Augenblick, in dem wir voller Hass und Wut sind, ist ein potentieller Same für eine Geburt im Höllenbereich. Wenn im Augenblick unseres Todes unser Bewusstsein von Hass dominiert ist, dann wird dieser unseren Geist so stark färben, dass wir in einen Bereich gelangen, wo der ganze Hass, den wir nach außen auf die Welt gerichtet hatten, jetzt auf uns zurückstrahlt.

Genauso gut können wir auch das Reich der Hungergeister erfahren. In diesem Bereich sind die Wesen davon besessen, sich nach Dingen zu verzehren, die sie nicht besitzen können. Und wie oft im Leben packt uns die Habgier, der Zwang, etwas haben zu wollen? Manchmal sind wir genau wie diese Geister und absolut nichts kann uns zufriedenstellen. Wenn dies die mächtigste, alles beherrschende Triebfeder in unserem Leben wird, schaffen wir damit eine gute Ausgangsbasis, in diesem Bereich wiedergeboren zu werden.

Ähnlich ist es mit den Tierbereichen. Auch jetzt neigen wir oft dazu, die Verantwortung für unsere Taten nicht übernehmen zu wollen. Wir weigern uns, die Verbindung zwischen unseren Handlungen und deren Wirkungen zu sehen. Es ist jedoch die Fähigkeit, moralische Verantwortung zu übernehmen, die uns menschlich macht. Wir lassen unseren menschlichen Status gewissermaßen verfallen, wir lassen ihn verschwinden und verlieren ihn, wenn wir uns weigern, uns für unsere Taten auch verantwortlich zu fühlen. Wenn eine solche vorsätzliche Ignoranz in unserem Geist vorherrschend ist, werden wir uns so dumpf fühlen, dass wir schließlich, wenn unser Bewusstsein sich wiederverkörpert, in einem entsprechend betäubten Zustand wiedergeboren werden – in einem Tierbereich. Da es ein Kontinuum in der Evolution gibt, das Menschen und Tiere miteinander verbindet, ist es anzunehmen, dass das Bewusstseinskontinuum, das sich vorher in einer menschlichen Form verkörpert hatte, sich später auch in der Form einer anderen Spezies verkörpern kann.

Man könnte nun glauben, dass zwar diese drei niederen Bereiche durchdrungen sind von Leiden, wir aber Glück genießen, wenn wir in den höheren Bereichen wiedergeboren werden. Aber auch in den höheren Bereichen (in denen der Menschen, der Halbgötter und der Götter, gibt es immer noch Leiden, obwohl es hier in gewisser Weise als Glück verkleidet ist. Zum Beispiel gibt es in unserem menschlichen Dasein Augenblicke, in denen es uns sehr gut geht. Aber letztlich wird das menschliche Leben von den vier grundlegenden Leiden – Geburt, Krankheit, Altern und Tod – bestimmt. Wer außer dem Buddha kann behaupten, diese Ursachen für Leiden transzendiert zu haben? Unser Gefühlsleben ist so beeinträchtigt von den verschiedensten Arten des Leidens. Fortwährend sind wir bemüht, Menschen und Dinge, die uns gefallen, zu besitzen und uns gleichzeitig gegen scheinbare Feinde und Bedrohungen zu wehren. Selbst wenn es uns gelingt, das, was wir haben wollen, zu bekommen, entpuppt es sich später als Quelle neuen Kummers. Hinter jedem schönen Gesicht verbirgt sich eine Art Schmerz.

Auch wenn wir im Bereich der Halbgötter oder Götter wiedergeboren werden, erleben wir Enttäuschung. Ihre Macht ist den Halbgöttern niemals genug, und auch die Glückseligkeit der Götter lässt irgendwann einmal nach. Deshalb lehrte Buddha, dass eine Wiedergeburt in den höheren Bereichen letztendlich kein erstrebenswertes Ziel ist.

Wir können also sehen, dass es in diesem Kreislauf von Geburt und Tod letztlich keine Existenzweise gibt, die zu erreichen sich lohnen würde. Es ist vielmehr so, als ob das Zimmer, in dem wir uns befinden, brennt und wir uns überlegen, in ein anderes Zimmer zu fliehen. Aber es ist das ganze Haus, das in Flammen steht! Der Buddha hat Samsara mit einem brennenden Haus verglichen. Es hat keinen Zweck, von einem Zimmer in ein anderes zu flüchten, in der Hoffnung, dass es dort nicht brennt. Wir müssen das Haus verlassen, sonst wird unsere spirituelle Praxis nicht viel mehr sein als ein Umzug von einem samsarischen Zimmer in ein anderes.

Wir müssen also erkennen, dass Wiedergeburt – in welchem der sechs Bereiche von Samsara auch immer – uns weiterhin in dem Gefängnis des Leidens belässt. Da die Natur des Geistes ohne Form ist, gibt es vor dem Tod kein Entkommen. Und die Tatsache, dass unser Geist gegenwärtig von den Verdunkelungen der Unwissenheit, des Hasses und der Begierde bestimmt ist, garantiert uns eine Wiedergeburt in einem der sechs Bereiche. Diese Verdunkelungen gilt es also zu überwinden.

Das Dritte Siegel: Es gibt kein Selbst

Wenn wir nach und nach die Dinge genau untersuchen, mit dem klaren Auge der Achtsamkeit, dann beginnen wir zu sehen, dass wir auf die Dinge die Eigenschaft der Beständigkeit projiziert haben, eine Eigenschaft, die sie in Wirklichkeit gar nicht besitzen. Wir schreiben unserem Körper und Geist eine fiktive unveränderliche Unabhängigkeit zu, ein eigenständiges Selbst. Genauso verhalten wir uns zu den Erscheinungen der Welt: Wir nehmen von vornherein an, dass sie eine ihnen innewohnende Realität besitzen. Diese fehlerhafte Zuschreibung, dieses fehlerhafte »Lesen« der Welt ist die Ursache für alle unsere verzerrten Sichtweisen der Wirklichkeit.

Sobald ich mich als »ich« begreife und damit die Welt als »das andere« sehe, entfremde ich mich vom Rest der Existenz. Wie der indische Philosoph Chandrakirti sagte: »Die Vorstellung, dass es ein Ich gibt, begründet die Vorstellung, dass es den anderen gibt. Aus diesem Dualismus von Selbst und anderen rühren die Verdunkelungen von Begierde, Hass und Unwissenheit.«

Doch wie können wir uns aus diesem Zustand befreien? Zunächst einmal müssen wir analysieren, ob ein Selbst überhaupt existieren kann oder nicht. Zum Beispiel könnten wir annehmen, dass unser Selbst mit unserem Körper identisch ist. Oder wir könnten annehmen, dass sich das Selbst in unserem Namen befindet. Schließlich gibt es noch die Möglichkeit, dass das Selbst mit unserem Geist identisch ist. Diese drei Möglichkeiten der Existenz eines Selbst wollen wir hier genauer analysieren.

Am einfachsten können wir die erste Möglichkeit untersuchen: Schauen wir genau hin, müssen wir erkennen, dass das Selbst unmöglich mit dem Körper identisch sein kann, denn dieser besteht aus vielen unterschiedlichen Teilen, die zudem allesamt vergänglich sind. Wenn man also das Selbst im Körper vermuten würde, müsste man zum einen akzeptieren, dass es so viele Selbste gibt, wie es körperliche Bestandteile gibt. Zum anderen würde dieses Selbst bzw. diese Selbste irgendwann einmal nicht mehr existieren, da der Körper sterben wird. Das ist mit der Definition eines Selbst als etwas Unvergängliches, Eigenständiges nicht vereinbar. Schließlich gibt es auch kein Anzeichen dafür, dass der Körper selbständig und unabhängig existiert, denn er ist vielen äußeren Einflüssen unterworfen. Deshalb können wir schlussfolgern, dass der Körper nicht das Selbst ist.

Ziehen wir die zweite Möglichkeit der Existenzweise des Selbst in Betracht: die Annahme, unser Name bedeute das Selbst. In diesem Fall können wir unschwer erkennen, wie absurd diese Idee ist. Namen sind einfach nur sprachliche Gewohnheiten. Die Tatsache, dass der Name auf uns verweist, beruht auf Konvention, und aus diesem Grund ist der Name etwas Austauschbares. Viele Leute haben verschiedene Namen, je nachdem in welchen Kreisen sie sich bewegen. Namen ändern sich außerdem auch im Verlauf der Jahre. Wenn der Name das Selbst ausmachen würde, würden diese Leute so viele Selbste haben, wie sie Namen haben. Deshalb wäre es ein großer Fehler, das Selbst mit dem Namen zu identifizieren.

Den dritten Punkt, den wir analysieren wollen, ist die Annahme, dass unser Geist in Wirklichkeit das Selbst sei. Obwohl dies zunächst plausibler zu sein scheint als die beiden anderen Vorstellungen, ist sie in Wirklichkeit ebenso irrig. Die offensichtlichste Eigenschaft des Geistes ist seine Beweglichkeit. Unausgesetzt folgt ein Gedanke dem anderen. Es gibt nichts Konstantes, Gleichbleibendes in unserem Geist. Wenn wir ihn also mit dem Selbst identifizieren, müsste das Selbst so manigfaltig und unbeständig sein wie der Geist.

Diese Analyse von Körper, Name und Geist, das heißt, der Ganzheit dessen, was wir als Individuen sind, führt uns zu dem Schluss, dass kein unvergängliches, autonomes und unabhängiges Selbst gefunden werden kann. Damit kann also auch all unser Haften an diesem Selbst aufhören.

Das Vierte Siegel: Nur Nirvana ist Glück

Wenn sich unsere Selbstbezogenheit auflöst, kann Nirvana, das Aufhören allen Leides, klar erkannt werden. Sehen wir die Welt so, wie sie wirklich ist, erreichen wir den zeitlosen Zustand einer nichtbedingten Glückseligkeit, einer Glückseligkeit, die nicht davon abhängt, ob wir irgendwelche äußeren Dinge besitzen. Nur Nirvana bedeutet vollkommener Frieden, denn alle anderen Zustände, wie verfeinert und subtil sie auch sein mögen, sind durch unser Haften an einem Selbst beeinträchtigt. Nur wenn dieses Anhaften überwunden wird, kann der ewige Frieden von Nirvana verwirklicht werden.

Mitgefühl

Der Buddha lehrte also, dass uns das Haften an äußeren Objekten Leiden bringt. Das Festhalten an Dingen, Beziehungen, Ideen, die alle vergänglich sind, bringt uns letztlich nur Enttäuschung und Kummer. Umgekehrt ist es das Loslassen, das unserem Geist Raum und Weite gibt, eine Weite, in der wir Liebe und Mitgefühl für andere entwickeln können. Es wäre falsch, uns als isolierte, abgetrennte Wesen zu betrachten, denn wir sind von anderen genauso abhängig wie sie von uns. Anders gesagt: Wir alle sind miteinander verbunden und voneinander abhängig. Das Loslassen eröffnet uns den nötigen Freiraum für Mitgefühl. Mitgefühl für andere ist wiederum die höchste Motivation, das Dharma zu praktizieren. Wenn wir also nicht mehr unter dem Zwang stehen, sofort nach allem zu greifen, alles haben zu wollen, sind wir fähig, uns um jedes Wesen, dem wir begegnen, zu kümmern. Üblicherweise setzen wir unser Wohlbefinden an die erste Stelle, in derselben Weise tun das auch die anderen. Wie können wir nun die Fürsorge, die wir vorher nur auf uns gerichtet haben, auch auf andere Wesen ausdehnen? Die Anhaftung an weltliche Dinge loszulassen bedeutet nämlich nicht, sich überhaupt um niemanden mehr zu kümmern. Nachdem der Buddha Erleuchtung erlangt hatte, setzte er seine ganze Zeit und Energie daran, auch anderen den Weg der Befreiung möglich zu machen. Der Buddha schnitt sich nicht von der Welt ab, und ebensowenig sollen wir das tun. Wir lassen unser Anhaften an Erscheinungen los, um fähig zu sein, uns uneigennützig um andere zu kümmern, ohne auch nur einen Gedanken an unseren Vorteil zu verschwenden. Das ist der zentrale ethische Grundsatz des Dharma.

Wie entwickeln wir nun eine mitfühlendere Einstellung? Dadurch, dass wir ein Gefühl für das Miteinanderverbundensein entwickeln. Eine besondere Hilfe, sich auf diese Verbundenheit »einzuschwingen«, ist die, alle anderen Wesen als unsere Eltern oder Kinder anzusehen, denn eine solche »Familiensituation« ist natürlich die greifbarste Manifestation der Verbundenheit. Im Augenblick wünschen wir vielleicht vor allem für uns, dass wir glücklich und ohne Sorgen sind, doch wünschen sich das nicht alle »Familienmitglieder«? Warum sollte unser Wunsch wichtiger sein als der Wunsch der anderen? Es ist vom Verstand und vom Gefühl her vollkommen einsichtig, dass wir unserer Familie das gleiche Glück wünschen wie uns. Wenn wir uns dann noch überlegen, dass jeder letztendlich ein Mitglied unserer »Weltfamilie« ist, dann können wir unsere Liebe und unser Mitgefühl auf alle Wesen ausdehnen.

Häufig wird gefragt: Sollen wir erst mit der Übung des Mitgefühls beginnen oder lieber erst mit der Meditation? Diese Frage ist dieselbe wie: Was war zuerst da? Die Henne oder das Ei? Meditation und Mitgefühl können nicht voneinander getrennt werden. Je mitfühlender wir werden, desto mehr kümmern wir uns um andere und desto weniger Zeit haben wir, unser egozentrisches Verhalten zu pflegen. Durch das Verschwinden unserer Ichfixiertheit entsteht echte, spontane Meditation. Genauso ist es mit der Meditation: Je stabiler und stärker sie wird, desto mehr lässt das ichbezogene Verhalten nach und desto mehr Zeit und Raum haben wir für andere – wir werden also mitfühlender! Je mitfühlender wir sind, desto mehr inneren Raum haben wir, und desto offener sind wir. Meditation und Mitgefühl ergänzen sich. Wir können tatsächlich nicht sagen, dass eines wichtiger sei als das andere.

Mitgefühl ist das Offensein für andere Wesen und deren Leiden. Jeder kennt Momente enormer Spontaneität, die durch Mitgefühl für andere ausgelöst wurden. Wenn sich zum Beispiel unser Kind in einer schwierigen Situation befindet, ist unser erster und einziger Gedanke, wie wir dem Kind helfen können. Es gibt in diesem Augenblick keinen Platz für uns selbst. Dieser Moment wird vorübergehen, und wir werden zu unserem normalen, auf uns selbst bezogenen Zustand zurückkehren, aber der Augenblick, in dem wir spontan selbstlos waren, der hat stattgefunden. Jeder hat die Fähigkeit zu selbstlosem Handeln, jeder kann das.

Mitgefühl und Meditation gehören untrennbar zusammen, und

aus diesem Grund sollte ein Meditierender anderen gegenüber auch ein Gefühl besonderer Dankbarkeit empfinden. Denn nur dadurch, dass wir anderen Wesen gegenüber Mitgefühl entwickeln können, schreiten wir auf dem spirituellen Pfad voran. Sie helfen uns also enorm auf dem Weg zur Erleuchtung. In den buddhistischen Lehrtexten heißt es, dass wir den anderen Wesen in derselben Weise zu Dank verpflichtet sind wie den Buddhas. Die Buddhas haben uns Methoden beigebracht, wie wir Erleuchtung erlangen können. Andere Wesen ermöglichen uns, in Situationen zu gelangen, in denen wir unser Selbst beiseite lassen, vergessen können. Damit kommen wir wiederum der Erleuchtung näher. Deshalb sollten wir auch nie glauben, dass wir den anderen mit unserem Mitgefühl einen großen Gefallen tun – genau das Gegenteil ist der Fall!

Die Rolle des Lehrers im Buddhismus

Wir sind nun also voller Zuversicht, dass wir die Buddha-Natur besitzen, wir haben Vertrauen zu den Drei Juwelen gefasst, und wir wissen jetzt, dass die Grundlagen des Buddhismus die Vier Edlen

Wahrheiten und die Vier Siegel sind. Außerdem ist uns die Bedeutung von Mitgefühl und Meditation klar. Aber wer bringt uns bei, wie wir diese Lehren in unser Leben integrieren und wie wir meditieren sollen? Wir lernen von anderen Männern und Frauen, die hier und heute leben, die selbst bei anderen gelernt und das Gelernte in die Praxis umgesetzt haben. Wir können Menschen, die selbst genügend Erfahrung mit dem Buddhismus haben, um Anleitungen bitten. »Erfahrung« bedeutet in diesem Zusammenhang, dass sie nicht nur intellektuell verstanden haben, um was es geht, sondern die Lehren mit Herz und Verstand in sich aufgenommen haben, und sie uns deshalb vollständig weitergeben können. Von diesen Menschen können wir das richtige Rezept und alle notwendigen Zutaten bekommen und uns damit die »Mahlzeit der Erleuchtung« kochen. Es reicht nicht, Bücher über den Buddhismus zu lesen. Es gibt so viele buddhistische Schriften, dass wir mehrere Leben damit verbringen könnten, sie zu studieren. Vermutlich würden wir dennoch nicht die für uns richtigen Anleitungen finden.

Der Buddha war ein unglaublich geschickter Lehrer, der die Bedürfnisse der Menschen, die zu ihm kamen, erkannte und dementsprechend lehrte. Er hielt sich nicht an einen vorgefertigten Plan. Seine Absicht war es, allen, die sich an ihn wandten, zu helfen, die Wahrheit, die er herausgefunden hatte, selbst zu entdecken. Er änderte seine Anweisungen und Darlegungen der Lehre je nach Auffassungsgabe, geistigem Hintergrund und den besonderen Problemen derer, die ihn um Rat fragten. Man sagt, dass es 84 000 verschiedene Anweisungen gibt. Deshalb können wir nicht einfach alle buddhistischen Darlegungen durchlesen und sie auf uns beziehen. Mit ziemlich hoher Wahrscheinlichkeit würden wir genau die falschen für uns herauspicken.

Alle buddhistischen Traditionen legen Wert darauf, dass wir unter der Anleitung eines Lehrers oder einer Lehrerin studieren und praktizieren. Wo finden wir die für uns geeigneten Lehrenden? Man sagt, dass ein Lehrender Teil einer Übertragungslinie sein muss, einer Linie von Lehrern und Lehrerinnen, die zurückgeht bis zum Ursprung der Lehre, bis zum Buddha. Das Dharma kommt nur aus erleuchteten Quellen, von Buddha selbst, und wurde von Männern und Frauen weitergegeben, die vorbildlich und tadellos lebten und praktizierten und die deshalb fähig waren, die Lehren einwandfrei weiterzugeben. Die Lehren werden weit höher geschätzt als die Persönlichkeit des Lehrenden. Die Lehrenden müssen ohne Eigennutz mit den Lehren umgehen, denn diese Unterweisungen sind nicht ihre eigene Erfindung oder ihr Privatbesitz, es sind die Lehren des Buddha, die sie mit uns teilen können.

Es ist von großer Bedeutung, dass der Lehrer, die Lehrerin einer authentischen ununterbrochenen Übertragungslinie angehört, die bis auf den Buddha zurückgeht. Bei einem selbsternannten Lehrer wird die Weisheit, die er uns vermitteln kann, immer nur seine eigene Erfindung sein – auch wenn er sehr charmant, intelligent, weise oder charismatisch ist. Allein die Tatsache, dass er sich selbst zum Lehrer ernannt hat, ist ein Zeichen für seine Selbsttäuschung und womöglich seine Arroganz.

Im Buddhismus wird die Autorität zu lehren vom eigenen Lehrer übertragen, es ist nicht möglich, sich selbst zum Lehrer, zur Lehrerin zu ernennen. Niemand kann ohne die Ermächtigung des eigenen Lehrers Unterweisungen geben, denn nur er oder sie kennt einen gut genug und kann erkennen, ob man in der Lage ist, das Dharma wirklich zu vermitteln, und zwar nicht nur intellektuell, sondern mit Körper, Kopf und Seele.

Es wird immer wieder betont, dass wir einen Lehrer brauchen, wenn wir wirklich daran interessiert sind, meditieren zu lernen. Notwendig ist dies, da wir eine Reise in ein absolut unbekanntes Land beginnen. Wir kennen die Gegend nicht, wir haben keine Ahnung von den möglichen Gefahren, deshalb brauchen wir jemanden, der oder die uns führen kann. Ein spiritueller Lehrer ist ein freundlicher »Geländeführer«, einer, der das Gebiet kennt und weiß, wo die Abgründe sind. Er oder sie kann uns sagen, welchen Weg wir lieber nicht gehen sollten und welcher gut ist. Lehrende zeigen uns, was wir brauchen, um erfolgreich reisen zu können und darüber hinaus stupsen sie unsere Nase direkt auf unsere wahre Natur. So wie wir unser Gesicht nicht ohne einen Spiegel sehen können, genauso können wir ohne einen Lehrer, eine Lehrerin nicht die wahre Natur unseres Geistes sehen, die Buddha-Natur.

Wenn wir von unserem Lehrer oder unserer Lehrerin Anweisungen zur Meditation bekommen haben, dann sollten wir sie in die Tat umsetzen. Und ganz gleich, wie weit wir auf dem spirituellen Weg vorangekommen sind, es ist wichtig, mit dem eigenen Lehrer in Verbindung zu bleiben. Es gibt eine gefährliche Falle, nämlich spiritueller Stolz; das heißt, wir bilden uns ein, all unser Fortschritt rühre allein von unseren Fähigkeiten oder unserer spirituellen Kraft her. Um das zu vermeiden, ist die Verbindung zum Lehrer, zur Lehrerin bis zum Ende des Weges nötig. Man sagt, dass auch Erleuchtete ihren Lehrern noch Achtung erweisen.

Die Person, von der wir Ratschläge für unsere geistige Entwicklung bekommen, ist für uns in unserem spirituellen Leben der wichtigste Mensch. Es ist sogar so, dass diese Person für uns den Buddha repräsentiert, denn sie gibt die Lehren, die zur Befreiung führen, an uns weiter. Wenn wir unsere Lehrerin oder unseren Lehrer mit uns auf gleicher Ebene sehen oder sie sogar als geringer schätzen, werden wir mit Sicherheit nicht die nötige Offenheit ihnen gegenüber besitzen und auch nicht ihre große Kostbarkeit wertschätzen können. Aus diesem Grund, zu unserem eigenen Nutzen, ist es sinnvoll, unseren Lehrern gegenüber Hingabe zu entwickeln.

Andererseits sind Lehrerende natürlich auch nicht unsere Retter. Der Buddhismus ist eine nicht-theistische Religion, also kann, anders als in theistischen Glaubensvorstellungen, der Lehrer niemals als eine Art Gott betrachtet werden. Die Einstellung, sich selbst als minderwertig zu betrachten und den spirituellen Lehrer als eine Art Vater-Gott, der uns abholt und uns in den Himmel trägt, ist ziemlich kindlich und letztendlich falsch. Wir dürfen die Tatsache nicht leugnen, dass wir, auch wenn ein authentischer Lehrer uns die spirituelle Entwicklung leichter macht, wir dennoch die Knochenarbeit selbst tun müssen.

Die Weitergabe der Lehre Buddhas: Die Übertragungslinie

Es gibt heute viele buddhistische Schulen und Übertragungslinien, in denen die Lehre des Buddha vollständig und unverfälscht erhalten geblieben ist. Im Prinzip sind alle diese Traditionen gleich gut, und wir im Westen können uns glücklich schätzen, dass sie alle zu uns gekommen sind. Es spielt keine Rolle, welche Schulrichtung wir wählen, so lange es für uns stimmig ist. Ob die Tradition, für die wir uns entschieden haben, richtig für uns ist, können wir daran merken, ob sich eine starke, kraftvolle Verbindung entwickelt. Es gibt keine bessere oder schlechtere, höhere oder niedrigere Schulrichtung. Allein die Vorstellung, eine Richtung sei besser als eine andere, ist Gift für den Buddhismus.

Haben wir diesen entscheidenden Punkt verstanden, können wir zur Kenntnis nehmen, dass es bei den Lehren, die der Buddha gegeben hat, unterschiedliche Niveaus gibt. Oft werden die Lehren unterschieden in das Fahrzeug der *Shravakas*, »den Weg der Hörer«, und das Fahrzeug der *Bodhisattvas*, »den Weg der Helden der Erleuchtung«. Die erste Sammlung von Unterweisungen gab der Buddha den Schülern, die in erster Linie sich selbst vom Leiden zu befreien suchten. Die Anleitungen, die der Buddha ihnen gab, umfassen solche Aspekte wie die Vier Edlen Wahrheiten und den Edlen Achtfachen Pfad.

Denjenigen seiner Zuhörer, die den Zustand der vollen Erleuchtung anstrebten, um allen Wesen zu nützen, gab der Buddha die Anweisungen des Bodhisattva-Fahrzeugs. Man kann sagen, dass diese zweite Kategorie von Unterweisungen umfassender ist als die erste aufgrund der weitreichenderen Motivation derer, die diese Anweisungen in die Tat umsetzen.

Auch das Fahrzeug der Bodhisattvas wiederum kann zweifach unterteilt werden: Der erste Teil wird »Weg der Vollendungen«

genannt. Hier geht es vor allem darum, Verdienst und Weisheit anzusammeln durch das Praktizieren von ethisch korrektem Verhalten, besonders von Großzügigkeit. Der zweite Teil wird im allgemeinen »Weg des *Mantrayana* oder *Vajrayana*« genannt; er bezeichnet einen extrem schnellen und geschickten Weg zur Erleuchtung. Die, die diesen Weg gehen, müssen sich dabei auf einen hervorragend qualifiizierten Lehrer stützen, von dem sie geeignete Einweihungen und zur Befreiung führende Anweisungen erhalten können.

Vertrauen wir uns jedoch einer Person an, die behauptet, eine neue Form des Buddhismus ins Leben gerufen zu haben, dann ist sie aller Wahrscheinlichkeit nach keine authentische Quelle der buddhistischen Lehren, sondern eher eine Quelle der eigenen Ideen statt einer Quelle der Erleuchtung, der Weisheit des Buddha selbst. Die strikte Ablehnung selbsternannter Lehrer bedeutet aber wiederum nicht, dass es unser drängender Wunsch sein sollte, der asiatischen Kultur selig in die Arme zu laufen. Darum geht es nicht. Es geht darum, authentische Anleitungen, die vom Buddha selbst gegeben wurden, zu erhalten, da wir so ihrer Qualität und Wirksamkeit vertrauen können. Etwas, das für den Westen erfunden wurde, das westlich aussieht, aber von seinen vitalen Wurzeln abgeschnitten wurde, taugt wahrscheinlich nicht so viel. Das ist keine Frage einer kulturellen Vorliebe, sondern eine Frage, inwieweit wir uns auf das stützen wollen, was sich über einen langen Zeitraum hinweg bewährt hat, was wirklich funktioniert, was uns wirklich weiterbringt.

Wir müssen nicht wie Burmesen, Japaner oder Tibeter herumlaufen. Sich äußerlich verändern zu wollen wäre die reinste Zeitverschwendung. Außerdem ist unser Leben für einen solchen Firlefanz zu kurz und zu kostbar. Wir suchen nach etwas, das kraftvoll ist, das wir anwenden können und das wirkt. Wenn wir uns die, die vor uns den Weg einer authentischen buddhistischen Tradition gegangen sind, genau anschauen, stellen wir fest, dass es sie weitergebracht hat, und ihrem Beispiel sollten wir folgen.

Alle buddhistischen Traditionen sind zwar gleichwertig, was die Übertragung der Lehren betrifft, sie sollten aber dennoch nicht vermischt werden. Jede Tradition wirkt durch sich selbst, durch ihre eigene Kraft, wenn sie richtig praktiziert und in ihrer Ganzheit anerkannt wird. Es gibt einige, die behaupten, es gebe eine buddhistische Schulrichtung, die auf allen asiatischen Traditionen gegründet ist und sie alle in sich vereint. So etwas sollte man gar nicht erst ernst nehmen. Es dauert so lange, bis man überhaupt eine Tradition richtig verstanden und studiert hat, dass man tausend Leben bräuchte, um alle zu studieren. Das ist so, als wollten wir uns aus jedem Rezept eine Zutat aussuchen und rührten diese dann zu einem Mischmasch zusammen. Ein solches Essen wird vermutlich vollkommen ungenießbar sein. Eine Tradition von Grund auf richtig kennenzulernen ist das Vernünftigste, was wir tun können, denn für mehr haben wir wohl kaum die Zeit.

Dharma praktizieren

Buddhismus beginnt für uns da, wo wir einem qualifizierten Lehrer oder einer Lehrerin begegnen, der oder die einer authentischen Schulrichtung angehört. Wir hören, was er oder sie sagt, denken darüber nach und überprüfen es. Dabei setzen wir uns nicht unter Druck, wir nehmen uns die Zeit, die wir brauchen, und ziehen bei der Überprüfung des Gehörten den gesunden Menschenverstand und unser eigenes Urteilsvermögen zu Rate. Wenn wir echtes Vertrauen zur Lehre des Buddha gefasst haben, können wir stufenweise mit der Dharmapraxis beginnen. Durch Hektik oder Stress gewinnen wir rein gar nichts. Im Gegenteil: Tauchen Schwierigkeiten bei der spirituellen Praxis auf, liegt es oft daran, dass die Übenden versucht haben, so schnell es geht aus dem Tal hoch zum Gipfel zu stürmen. Allmähliche und gleichmäßige Übung führt viel leichter und auch schneller zum Ziel. Betrachten wir zum Beispiel Tibeter bei der Dharmapraxis, dann können wir oft beobachten, wie ruhig und ungezwungen sie dabei sind. Diese Haltung zeigt, dass sie es achten und wertschätzen, überhaupt Mensch zu sein. Im Grunde genommen bedeutet »ein Buddha zu werden«, herauszufinden, was es wirklich heißt, Mensch zu sein. Es geht nicht darum, das Menschsein transzendieren zu müssen oder jemand vollkommen anderes zu werden. Dharmapraxis bedeutet, die Lehren des Buddha nach und nach mit dem, wer, was und wo wir sind, mit unserer Arbeit, unserem Alltag, unseren Freundschaften, unseren Beziehungen zu vermischen.

Bei der Dharmapraxis ist es von Anfang an wichtig, dass wir versuchen entspannt zu bleiben. Das Schlimmste wäre, wenn wir uns zur Perfektion zwingen würden. Auch Dinge, die wir an uns nicht mögen, schneiden wir nicht einfach ab. Eine psychisch amputierte Person wird nicht erleuchtet werden. Vor sich selbst fliehen, sich vor sich selbst fürchten, ist nicht besonders klug. Wenn wir nicht einmal Mitgefühl mit uns selbst haben, wie sollen wir dann mit anderen Mitgefühl entwickeln können?

Dharma zu praktizieren zwingt uns zu keiner Amputation, keinem Selbsthass, keiner Aufteilung unserer selbst in zwei verschiedene Persönlichkeiten, und es steckt uns auch nicht in eine spirituelle Zwangsjacke. Wir mischen das Dharma mit der Person, die wir im Moment sind; mit den guten, den schlechten, den verwirrten, den klugen Anteilen, die uns ausmachen, die wir sind. Ganz gleich, wie schlecht wir uns manchmal fühlen, wir sind nicht nur eindimensional eine bestimmte Art von Person. Wir sind eine Mischung aus allem möglichen, und das Dharma muss all diese unterschiedlichen Aspekte in uns erreichen, sich mit diesen vermischen, bis die zugrunde liegende Weisheit und das Mitgefühl in uns zum Vorschein kommen.

Wahrscheinlich liegt es an unserem Verständnis von Religion, daran Religion und Menschsein strikt zu trennen und religiöses und weltliches Leben streng zu unterscheiden, dass wir meinen, wenn wir uns auf einen religiösen Pfad begeben, müssten wir uns eine andere Persönlichkeit zulegen. Wir glauben, wir müssten unsere ganz normalen Bedürfnisse und Gefühle unterdrücken, um irgendeine von uns erfundene, künstlich erleuchtete Persönlichkeit darzustellen, die wir dann die ganze Zeit vorgeben müssen zu sein. Es strengt so an, eine Maske zu tragen, selbst eine erleuchtete. Es ist viel besser, sie wegzuwerfen und zu erfahren, wer wir wirklich sind, und das Dharma damit zu vermischen. Authentische Lehrer buddhistischer Traditionen haben überhaupt kein Interesse daran, dass ihre Schüler einen ganz besonderen Lebensstil entwickeln. Das einzig Wichtige ist für sie, dass ihre Schüler die guten Ratschläge des Buddha in ihr Leben einbringen und integrieren. Sie wollen keine Persönlichkeitstransplantationen oder eine Elite höherer Wesen als Schüler. Sie wollen nur, dass wir das Dharma in unseren Alltag mit hineinnehmen.

Das Studium der Lehre durch Hören, Nachdenken, Meditieren

Als Allererstes sollten wir uns klar darüber werden, warum wir uns überhaupt mit den Lehren des Buddha beschäftigen wollen. Den meisten Menschen, die sich im Westen für den Buddhismus interessieren, sind ihre Beweggründe oft gar nicht bewusst und sie wissen nicht, wofür die buddhistischen Unterweisungen eigentlich gut sind. Von Anfang an sollten wir wissen, dass die Dharmalehren dazu da sind, dass wir sie aufnehmen und uns zu eigen machen, und zwar durch den dreifachen Prozess von Hören, Nachdenken und Meditieren.

Wir haben zum Beispiel einen Kurs besucht, der von einem buddhistischen Lehrer gehalten wurde. Das kann ein ganzer Wochenendkurs gewesen sein oder nur ein Vortrag. Was immer es war, wir haben genau zugehört, haben wahrscheinlich auch das eine oder andere mitgeschrieben, denn sonst wäre es schwierig, all das Gehörte im Gedächtnis zu behalten. Dies ist die erste Phase: Zuhören.

In der zweiten Phase denken wir über das Gehörte nach. Wenn

wir zu Hause sind, gehen wir Schritt für Schritt noch einmal durch, was wir gehört haben. Das ist der Beginn eines Prozesses, in dem wir »die Lehre des Buddha zu unseren eigenen machen«. Hier fängt unsere Verwandlung an: Die Lehre des Buddha ist nicht länger etwas außerhalb unserer selbst, etwas, das wir eben mal gehört haben, sondern wird zu einem Teil von uns.

Die dritte Phase ist Meditation. In dieser Phase werden wir fähig, die Lehren, die wir gehört und über die wir intensiv nachgedacht haben, in Meditation umzusetzen. Wir sind in der Lage, die Lehre Buddhas in unserem Alltag umzusetzen.

Wenn wir an Kursen oder Vorträgen über Buddhismus teilnehmen, ist das erst der Anfang. Wir hören zu und machen Notizen, damit wir eine Grundlage haben, die wir weiter vertiefen können. Sonst bräuchten wir den Kurs gar nicht zu besuchen. Wir könnten genauso gut in den Zoo oder zu einem Fußballspiel gehen! Der entscheidende Punkt ist, dass wir Material, mit dem wir arbeiten können, aus dem Kurs mitbringen. In erster Linie werden das unsere Notizen sein. Daheim gehen wir diese nochmals durch, studieren sie genau und setzen sie dann in die Praxis um.

Wenn wir einen besonderen Text durcharbeiten, ist es sehr hilfreich, wenn wir das Studium des Textes in unsere Alltagsroutine einbauen. Natürlich hängt das davon ab, wie viel Zeit wir haben: Eine Stunde am Tag, eine halbe oder auch nur eine viertel. Wie viel oder wie wenig Zeit wir haben ist nicht so ausschlaggebend; entscheidend ist, dass wir uns das Studium zur täglichen Gewohnheit machen. Es bringt nicht besonders viel, wenn wir uns an einem Tag fünf Stunden mit einem buddhistischen Text beschäftigen und dann drei Wochen lang überhaupt nichts tun. Kontinuität ist wichtig. Auf diese Weise beginnen wir mehr und mehr zu verstehen, worum es im Buddhismus geht.

Nehmen wir an, wir haben täglich eine halbe Stunde Zeit. Dann können wir zunächst unsere Notizen des Textes oder Vortrags, mit dem wir uns gerade beschäftigen, durchlesen. Aber nur so viel, wie wir glauben, zur Zeit auch verdauen zu können. Dann schließen wir unsere Aufzeichnungen und versuchen, das Gelesene im Geist noch einmal zu rekapitulieren. Gelingt uns das, dann machen wir am nächsten Tag so weiter. Wir wiederholen am Beginn unserer Sitzung, was wir bereits gelernt haben. Ein paar Minuten für dieses »Noch-mal-im-Geiste-Durchgehen« reicht aus. Dann fahren wir mit dem neuen Stoff fort. So erweitern wir unsere Kenntnisse Schritt für Schritt. Dadurch dass wir jeden Tag noch einmal zu dem bisher Gelernten zurückgehen, verlieren wir nichts von dem, was wir bereits studiert haben. Gleichzeitig kommen wir jeden Tag ein bisschen voran.

Durch diesen Lernprozess werden die Lehren Buddhas ein Teil von uns, und das wird unsere ganze Einstellung verändern. Wir fangen an, die Welt mit anderen Augen zu sehen. Wenn wir uns zum Beispiel gerade intensiv mit Mitgefühl beschäftigen, wird Mitgefühl in uns entstehen. Es werden uns täglich viele Situationen begegnen, in denen wir die Möglichkeit, liebevoll zu handeln, klar vor Augen sehen – und wir werden dann auch dementsprechend handeln. Ist gerade Vergänglichkeit unser Thema, dann werden wir plötzlich überall Vergänglichkeit spüren, und die Dinge und Ereignisse fangen an, uns die Wahrheit der Vergänglichkeit zu lehren. Das ist dann die dritte Phase des Lernprozesses, der Zustand der Meditation, wenn die Lehren eine lebendige Erfahrung werden.

Das Studium des Dharma ist nicht mit dem Studium an einer Schule oder Universität zu vergleichen. Es ist ein lebendiger, praktischer Teil des spirituellen Weges. Wenn wir wirklich die transformierende Kraft der Anweisungen von Buddhas Lehre erfahren wollen, sind diese drei Phasen – Zuhören, Nachdenken, Meditieren – unumgänglich.

Meditation

Meditation ist ein zentraler, weit fortgeschrittener Teil der Lehre Buddhas. Prinzipiell können wir das Dharma auf drei Arten praktizieren: durch die Übung von ethischem Verhalten, von Meditation und von Weisheit. In Ländern, in denen der Buddhismus seit vielen Jahrhunderten praktiziert wird, wird die formale Praxis der Meditation klugerweise als eine sehr fortgeschrittene Technik angesehen. Es gibt sehr viele Aspekte, denen wir uns zuwenden können, bevor wir mit einer bestimmten Meditationstechnik beginnen. Jeder Meditation sollten idealerweise Übungen in ethisch korrektem Verhalten vorausgehen und diese begleiten. Konkret heißt das, wir hören auf, uns und anderen wehzutun, und bemühen uns stattdessen darum, anderen gegenüber wohlgesinnt und freundlich zu sein. Ohne eine solche Grundlage wird alles, worüber wir meditieren, ziemlich künstlich sein.

Meditation ist viel mehr als nur eine Technik, mit der wir 20 Minuten stillsitzen können. Sie umfasst ein breites Spektrum von Methoden. Dazu gehören die Beruhigung des Geistes ebenso wie die

Analyse der Natur des Geistes und die Analyse solcher Begriffe wie zum Beispiel Vergänglichkeit oder Unbeständigkeit. Anfänger machen sehr oft den Fehler, zwischen der Meditation einerseits und dem Studium der Lehre andererseits zu unterscheiden. Das hat zur Folge, dass beiden Aspekten die Kraft genommen wird. Es gibt im Buddhismus viele Meditationsmethoden, die alle nur ein Ziel haben: Das Aufdecken und Entfalten unserer Buddha-Natur. Erreicht wird dies durch eine Kombination aller Lehren; ein Teil davon besteht aus Meditation.

Hat man den ernsthaften Wunsch, Meditation zu praktizieren, ist es absolut notwendig, sich einen qualifizierten Lehrer zu suchen. Um aber eine Vorstellung von dem zu ermöglichen, was Meditation heißt, möchte ich im Folgenden eine Grundlagen-Meditation zur Beruhigung des Geistes vorstellen. Diese Meditation, die zur Entwicklung von Ruhe, Stabilität und konzentrierter Achtsamkeit dient, wird *Shamatha* genannt. Sie kann ergänzt werden durch andere meditative Techniken wie zum Beispiel das Kontemplieren der Vergänglichkeit. Es ist möglich, die Shamatha-Meditation als regelmäßige Praxis auszuüben und daneben während der täglichen Aktivitäten mehr »informell« zum Beispiel über die Vergänglichkeit nachzudenken.

Die meisten Probleme in unserem Leben entstehen, weil wir nicht wirklich im gegenwärtigen Augenblick verankert sind. Wir sind geistig mit allem Möglichen beschäftigt und bekommen gar nicht richtig mit, was in uns und um uns herum geschieht. Um eine gewisse Klarheit im Geist zu erreichen, eine Klarheit, die am Ende zu Weisheit führt, ist es nötig zu meditieren. In der Meditation haben wir die Möglichkeit, im gegenwärtigen Augenblick zu verweilen – entspannt und aufmerksam zugleich. In diesem Zustand verbinden wir uns mit unserer natürlichen Achtsamkeit, die unter der Oberfläche der Gedankenbewegungen und Gefühle liegt und die die Quelle wirklicher Weisheit und echten Mitgefühls ist.

Die richtige Körperhaltung bei der Meditation ist wichtig, da sie das geeignete Umfeld für die Praxis schafft. Die traditionelle Sitzhaltung, der sogenannte Lotossitz, ist besonders hilfreich, weil dabei alle Energiebahnen des Körpers in einen harmonischen Fluss gebracht werden. Dies ist für die Meditation sehr erleichternd. Wir sollten uns aber nicht in den Lotossitz zwingen, es reicht aus, sich in einer entspannten Haltung hinzusetzen, das kann auch auf einem Stuhl sein. Das Wichtigste ist, dass der Rücken aufrecht ist, aber nicht verkrampft. Die eine Hand liegt in der Handfläche der anderen.

Anfänger sollten lieber häufiger, dafür aber kürzere Zeit meditieren. Es ist sehr sinnvoll und hilfreich, wenn wir die Meditationssitzung (oder sogar täglich zwei) in unsere Alltagsroutine einbauen. Bei Anfängern sollte eine Meditationssitzung nicht länger als 15 bis 20 Minuten dauern. Wenn man am Anfang zu viel von sich verlangt, legt man dem Geist zu enge Zügel an und wird eine Art künstliche

Konzentration entwickeln, die aber nicht das ist, um was es geht. Einfach im natürlichen Zustand der Achtsamkeit verweilen, das ist alles, was nötig ist, mehr nicht.

Bei der Meditation geht es nicht darum, Gedanken oder Gefühle zu unterdrücken oder zu erschaffen. Dass diese auftauchen, ist der natürliche Zustand des Geistes, sonst nichts. Nichts wird hinzugefügt und nichts wird weggenommen. Meditation können wir nicht »herstellen«, indem wir etwas wegnehmen, was einfach da ist, oder indem wir etwas erschaffen, was bis jetzt nicht da war.

Wenn wir merken, dass wir während der Meditationssitzung auftauchende Gefühle zu unterdrücken bemüht sind, ist das ein Zeichen dafür, dass wir zu verkrampft sind. Es ist gut, wenn wir in diesem Falle versuchen, etwas zu entspannen.

Der Buddha sagte, die richtige Balance in der Meditation zu finden sei wie das Stimmen eines Musikinstrumentes. Wenn die Saite zu schlaff ist, kann man das Instrument nicht spielen. Ist die Saite zu straff, wird sie reißen. Genauso ist es mit der Meditation: Ist unser Geist zu verkrampft und kontrolliert, zum Beispiel, weil wir versuchen, unsere auftauchenden Gedanken und Gefühle zu unterdrücken, werden wir sehr angespannt. Merken wir, dass wir dabei sind, Gedanken und Gefühle zu unterdrücken, dann ist es an der Zeit, offener zu werden und den Geist zu entspannen. Wenn wir uns andererseits dabei ertappen, dass wir den auftauchenden Gedanken

und Gefühlen hinterherlaufen und uns in allerlei Überlegungen und Tagträumen verlieren, ist dies ein Zeichen dafür, dass wir in unserer Meditation zu wenig konzentriert sind. Unser Geist driftet überall hin. Merken wir das, dann ist es wichtig, dass wir unsere Aufmerksamkeit fokusieren und zurück zum gegenwärtigen Augenblick bringen. Es ist eine Frage der Balance: In der Meditation ist unser Geist konzentriert und gleichzeitig weit offen wie der Raum.

Eine authentische Meditation führt dazu, dass wir ein Gefühl der Leichtigkeit im Umgang mit dem, was uns widerfährt, entwickeln, außerdem beginnen wir, die Dinge in einer umfassenderen Perspektive zu sehen. Etwas, das uns früher vielleicht aus der Bahn geworfen hätte, erscheint uns jetzt in einem neuen Licht, so dass wir vielleicht zum ersten Mal sehen können, um was es wirklich geht. Gleichzeitig beginnt unsere Unsicherheit, aufgrund derer wir uns auf Kosten anderer fortwährend mit unseren Bedürfnissen beschäftigt haben, weniger zu werden. Wir fühlen uns mehr verantwortlich für die Situation und das Wohlergehen anderer – ein Gefühl von Wärme anderen gegenüber entwickelt sich.

Umgekehrt kann man sagen, dass wir in unserer Meditationspraxis auf Abwege geraten sind, wenn unsere Selbstbezogenheit zunimmt und wir mehr und mehr ein Gefühl der Kälte und Gleichgültigkeit anderen gegenüber verspüren.

Es ist wichtig, dass wir die Meditationspraxis zu einer regelmäßigen Gewohnheit machen. Auch wenn man weitreichende familiäre und berufliche Verpflichtungen hat, kann man Zeiten für die Meditation und das Studium einbauen, ohne die anderen Beschäftigungen vernachlässigen zu müssen. Am besten man steht früh genug auf und meditiert gleich morgens. Selbst in einem buddhistischen Kloster haben die Nonnen und Mönche keine extra Zeit für ihre private Meditationspraxis, so lange sie nicht alle ihre Pflichten im Kloster erfüllt haben. Auch sie müssen sich für ihre Meditationspraxis einen Freiraum schaffen.

Wenn man Familie hat, verfügt man außerdem über eine sehr gute Möglichkeit, die Qualitäten von Liebe und Mitgefühl konkret zu entwickeln und sie dann auch auf die »Weltfamilie« auszudehnen. Der Buddha hat eine Vielzahl von Methoden gelehrt, mit denen wir jede Situation, ob in der Familie oder bei der Arbeit, zu einem Aspekt des spirituellen Weges machen können. Ohne jeden Zweifel können wir mitten im Familien- und Berufsleben einem spirituellen Weg folgen.

Aus buddhistischer Perspektive kann man die Meditation mit dem Motor eines Autos vergleichen, mit dem wir zur vollständigen Erleuchtung – einem Zustand jenseits von Geburt und Tod – fahren. Natürlich gibt es auch losgelöst von einem spirituellen Anspruch positive Nebenwirkungen der Meditationspraxis, die ziemlich schnell spürbar werden, wie zum Beispiel Gefühle von Ruhe und Frieden, und das ist auch gut so. Aber wenn wir versuchen, Meditation von einem spirituellen Pfad abzukoppeln, werden wir merken, dass solche

Empfindungen nicht weiterführen, sondern im Gegenteil zu Fallen werden, die uns dazu verleiten, an zeitweilig auftauchenden geistigen Phänomenen und angenehmen Gefühlen festzuhalten. Das wäre so, als ob wir den Motor aus dem Auto herausnähmen, um uns daran die Hände zu wärmen, statt ihn im Auto zu lassen, damit wir – zur Erleuchtung – fahren können. Zur Zeit wird viel über diese »Hand-wärm-Meditation« gesprochen, aber sie ist etwas vollkommen anderes als das Praktizieren des Buddhismus.

Anleitungen zur Sitzmeditation

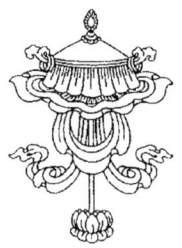

Der Platz, an dem man meditiert, sollte möglichst ruhig und aufgeräumt sein. Die beste Zeit zur Meditation ist morgens, nachdem man im Bad war, aber vor dem Frühstück. Ganz zu Beginn des Tages zu praktizieren ermöglicht es, dass die Weite und die Entspanntheit des Geistes auch unser alltägliches Denken, Fühlen und Handeln durchdringen. Am besten ist es, täglich zu meditieren, damit unser Geist durch die Kontinuität der Praxis wirklich nach und nach transformiert werden kann. Die Sitzungen sollten bei Anfängern ungefähr 15 bis 20 Minuten dauern; es gibt da jedoch keine festen Vorgaben. Es ist nicht erforderlich, sich rigide an eine bestimmte Meditationsdauer zu halten.

Wenn es geht, sitzen wir in der Meditationshaltung des Lotossitzes. Dabei sitzt man auf einem Kissen, die Knie sind auf dem Boden und die Beine sind so gekreuzt, dass der rechte Fuß und Unterschenkel auf dem linken Oberschenkel liegen und der linke Fuß und Unterschenkel auf dem rechten Oberschenkel. Man sollte sich aber nicht mit Gewalt in diese Haltung zwingen, die für unseren Körper meist sehr ungewohnt ist. Wie bereits erwähnt, ist es wichtiger, bequem und entspannt zu sitzen, als den Lotossitz einzunehmen. Wenn man Schwierigkeiten hat, den vollen oder halben Lotossitz einzunehmen, kann man auch im Schneidersitz sitzen oder auch auf einem Stuhl. Sitzt man auf einem Stuhl, ist es sehr wichtig, den Rücken gerade und aufrecht zu halten, um das Aufkommen von Schläfrigkeit zu verhindern. Üblicherweise sitzt man auf einem festen Kissen. Den Körper hält man in der sogenannten Sieben-Punkte-Haltung:

1. Die Beine sind im halben oder vollen Lotos.
2. Der Rücken ist gerade.
3. Der Hals ist ein klein wenig nach vorne geneigt.

4. Die rechte Hand liegt leicht in der linken.

5. Der Mund ist geschlossen, aber nicht verkrampft.

6. Die Zunge berührt leicht den Gaumen.

7. Die Augen sind ein wenig geöffnet, der Blick ist leicht zum Boden gesenkt.

Den Geist auf dem Atem verweilen lassen

Bei dieser Übung, mit deren Hilfe wir unseren Geist stabilisieren können, konzentriert man sich auf den eigenen Atem. Beim Ein- und Ausatmen sind wir uns einfach nur der Atemzüge bewusst. Dabei lassen wir den Atem durch die Nase hinein- und wieder herausströmen. Wir benutzen den Atem, um uns an etwas zu orientieren, zu dem wir immer wieder zurückkehren können, wenn wir – was unvermeidlich ist – uns ablenken lassen und unseren hin und herwandernden Gedanken folgen. Gedanken sind eine Manifestation der Energie des Geistes, so wie kleine Wellen auf einem Teich eine Manifestation der Energie des Wassers sind. Wir versuchen nicht, die Gedanken zu unterdrücken, denn das wäre unmöglich. Mit großer Wahrscheinlichkeit wäre es auf lange Sicht sogar schädlich. Weder folgen wir den Gedanken, noch verweilen wir bei dem inneren Geplapper unseres Geistes. Alle Arten von Gedanken werden auftauchen, angefangen bei Überlegungen darüber, was wir heute noch alles zu tun haben oder was wir in der Zukunft noch erledigen müssen oder was wir gestern getan haben. Alle möglichen, und manchmal auch unmöglichen Gedanken können auftauchen. Wenn wir merken, dass wir nicht mehr bei der Wahrnehmung des Atemstroms sind, betrachten wir das nicht als Fehler, sondern als Ausdruck der natürlichen Tätigkeit des Geistes. Wir lenken dann unsere Aufmerksamkeit wieder auf den Atem zurück. Immer und immer wieder.

Eine zusätzliche Hilfe bei dieser Meditationspraxis ist das (geistige) Zählen jedes Atemzuges. Wir beginnen bei eins und wenn wir einundzwanzig erreicht haben, fangen wir wieder von vorne an. Sobald wir merken, dass wir nicht mehr auf das Zählen des Atems konzentriert sind, bringen wir unseren Geist zurück und beginnen wieder bei eins. Das Ziel ist nicht bei einundzwanzig anzukommen, sondern den Geist ruhig werden zu lassen.

Die größte Gefahr bei dieser Art der Meditation liegt darin, dass uns die Gedanken, die auftauchen, beunruhigen. Das hat einen sehr angespannten Geist zur Folge, der fortwährend versucht, die Gedanken zu unterdrücken. Geistesruhe kann nicht künstlich hergestellt werden, sondern sie ist eine natürliche Eigenschaft des Geistes.

Meditation ist das Mittel, dass sich diese Eigenschaft manifestieren kann. Wir versuchen eine Balance zwischen entspanntem und »gespanntem« Geisteszustand zu halten. Das Gefühl dafür wird sich mit der Erfahrung stufenweise entwickeln.

Sobald man geübter ist, merkt man, dass der Geist an manchen Tagen sehr aufgewühlt ist, so dass es äußerst schwierig wird, den Geist zur Ruhe zu bringen. An anderen Tagen wiederum ist der Geist sehr ruhig und die Meditation gelingt ganz leicht. Wir sollten uns keine Sorgen darüber machen, wenn uns die Meditation nicht gelungen erscheint, noch sollten wir glauben, Fortschritte zu machen, wenn wir die Meditation für erfolgreich halten. Die einfache Erklärung für Unterschiede dieser Art ist, dass der Geist sich von Tag zu Tag, von Minute zu Minute verändert, mal ist er aufgewühlt, mal ruhig. Deshalb brauchen wir auch nicht zu bewerten, ob die jeweilige Meditation »korrekt« war oder nicht. Wir praktizieren einfach weiter und folgen dem Atem, ganz gleich wie der Zustand unseres Geistes ist.

Nach einiger Zeit, vielleicht nach einigen Monaten, sollten wir den Geist durch das Zählen der Atemzüge wirksam beruhigen können. Dann können wir nach und nach mit der Methode des Zählens aufhören und nur noch dem Atem folgen. Schließlich wird man sogar diesen Achtsamkeitsfokus aufgeben können und nur noch in der Weite und Entspanntheit des Geistes sitzen. Unsere Meditation können wir vervollständigen, indem wir über bestimmte Aspekte, zum Beispiel über Vergänglichkeit, nachdenken. Wer auf diese Art und Weise meditiert, wird auf dem Dharmaweg mit Sicherheit voranschreiten.

Buddhismus im Westen

Der Buddha lehrte vielfältige Methoden, wie mitten im Leben stehende Menschen das Dharma nutzbringend anwenden können. Natürlich ist es für einige Menschen sehr wertvoll, als Mönch oder Nonne zu leben, doch das ist nicht der einzige Weg, Buddhas Lehren zu folgen. Der Buddha legte ausführlich dar, dass alle Menschen, seien sie nun Mönche, Nonnen, oder Laien, die Buddhaschaft erlangen können. Letztentlich ist es nicht das äußere Erscheinungsbild das zählt, auch nicht, ob wir die 250 Regeln für Mönche einhalten oder nur die fünf Gelübde für Laien. Was zählt, ist, wie tief wir uns auf die Lehren einlassen. Wenn unsere Offenheit für die Lehren groß ist, werden in uns die ursprünglichen Qualitäten von Mitgefühl und Weisheit reifen und wachsen.

Für uns, die erste Generation im Westen, die sich ernsthaft mit dem Buddhismus beschäftigt, ist es wichtig, dass wir nicht unsere

eigenen Vorstellungen oder Vorurteile auf das Dharma übertragen. Die Zeit ist noch nicht reif dafür, dass wir künstlich Veränderungen im Buddhismus vornehmen. Die Lehre Buddhas wird »westlich« werden, wenn sie Wurzeln schlägt in den Herzen der Menschen. Bis dahin ist es wichtig, die Lehre durch intensives Studium wirklich zu durchdringen und sie durch Meditation im Alltag zu integrieren.

Ein Herz aus Gold

Es heißt, der Buddha habe gegen Ende seines Lebens die höchsten seiner Lehren offenbart. Diese Zeit wird das »dritte Drehen des Rades« genannt. In verschiedenen Lehrreden erklärte der Buddha, dass alle die Buddha-Natur besitzen. Die Buddha-Natur ist die Grundlage für Erleuchtung. Wenn sie nicht schon in unserem Geistesstrom vorhanden wäre, könnte es keine Buddha-Natur geben, denn dann müsste sie geschaffen werden. Doch wenn die Buddha-Natur geschaffen werden müsste, wäre dieser Prozess abhängig von Ursachen und Wirkungen und somit wäre die auf diese Art erhaltene

Buddha-Natur etwas Vergängliches. Und welchen Nutzen hätten wir davon, nach einer Erleuchtung zu streben, die nicht dauerhaft ist?

Die Buddha-Natur ist die wahre Natur unseres Geistes. Wenn wir unseren Geist während der Meditation untersuchen, werden wir feststellen, dass er sich an keinem Ort aufhält, dass er keine Farbe und keine Form besitzt und dass es keine Stelle gibt, wo er anfängt oder aufhört. Er ist in seiner Essenz leer. Er kann nicht mit dem identifiziert werden, was wir normalerweise als »Selbst« bezeichnen, weil es an ihm nichts Substantielles gibt, nach dem wir greifen könnten.

Doch obwohl der Geist ohne Substanz ist, kann er dennoch nicht als nicht-existierend beschrieben werden. Denn alle Erscheinungen, alle Gedanken, Gefühle und Visionen entstehen aus ihm. Dieser Aspekt des Geistes, die Grundlage all dessen, was in Erscheinung tritt, wird als die Klarheit des Geistes bezeichnet: Man nennt dies auch die Klare-Licht-Natur des Geistes.

Wir können sagen, die Essenz des Geistes ist Leerheit, seine Natur Klarheit. In diesem leeren, klar erscheinenden Geist existiert zudem ein außergewöhnliches, sich nicht veränderndes Mitgefühl, das unvoreingenommen alle, wirklich alle Wesen umfasst. Diese leere und dennoch klar erscheinende, mitfühlende Grundeigenschaft des Geistes bezeichnet man als Buddha-Natur.

Normalerwise erfahren wir jedoch diese wahre Natur unseres Geistes nicht, da sie verdunkelt und verdeckt ist durch den emotionalen Aufruhr, der bei uns überwiegt. Aufgrund unseres Mangels an

Achtsamkeit wurde unser Geist verwirrt und aufgeregt. Dies ist die Ursache für die Illusion, dass es ein Ich gebe und diesem Ich andere gegenüberstünden. Genau diese irrtümliche Annahme verleiht unseren emotionalen Irrungen und Wirrungen eine solche Macht.

Gehen wir von der Vorstellung aus, es gebe »andere«, wollen wir natürlich angenehme »andere« um uns haben; mit Furcht erregenden und Angst einflößenden »anderen« wollen wir nichts zu tun haben, die weisen wir zurück und hassen sie. Unentschieden verhalten wir uns gegenüber »anderen«, die wir als neutral empfinden. Hier kommen dann auch die drei den Geist vergiftenden und trübenden »Gifte« ins Spiel: Gier, Hass und Selbsttäuschung. Diese sehr starken Gefühlswallungen sind der Grund für unterschiedliche Handlungen, die ihrerseits Muster der Welterfahrung hervorrufen, an die wir uns gewöhnen: Es entsteht eine Welt, deren Kennzeichen Unzufriedenheit, Unsicherheit und Leiden ist.

Im Kreislauf von Geburt und Tod bleibt die wahre Natur des Geistes jedoch stets dieselbe: Von Anfang an ist sie rein. Das bedeutet, dass das, was den Geist verdunkelt, nur Ergebnis einer falschen Sicht der Wirklichkeit, einer Täuschung, ist. Das wiederum heißt, in Samsara, dem Kreislauf von Geburt und Tod, ist ununterbrochen die Buddha-Natur, die uns die Erleuchtung möglich macht, vorhanden.

Leider ist nicht jedes Wesen fähig zu erkennen, dass die Buddha-Natur allgegenwärtig ist. Nur diejenigen, die eine kostbare menschliche Existenz erlangt haben, besitzen die Möglichkeit dazu. Andere

Existenzweisen, wie zum Beispiel Tiere, Geister oder Höllenwesen, haben weder Kapazität noch inneren Raum, noch die Freiheit, die Buddha-Natur zu erkennen. Nicht einmal jeder Mensch nimmt sich diese Möglichkeit. Ein Leben als Mensch zu haben – eine Existenzweise, die wirklich als kostbar bezeichnet werden kann –, bedeutet zum einen, über eine besondere physische Struktur zu verfügen, in welcher das Bewusstsein verkörpert ist. Zum anderen bedeutet es, gemäß bestimmten moralischen Werten leben zu können. Nur wenn ein menschliches Leben diese verwirklicht, kann man sagen, dass es ein kostbares menschliches Leben ist, dass dieser Mensch eine Grundlage dafür gelegt hat, den Weg zur Buddhaschaft zu gehen.

Sieht man die Buddha-Natur als den Samen an, so ist ein Leben als Mensch der Boden. Der Samen mag ein großes Potential besitzen, aber wenn er im falschen Boden eingepflanzt ist, wird er nicht wachsen und Früchte tragen können. Wir haben den Samen und verfügen über den Boden, aber der Samen braucht auch einen Gärtner, der sich um sein Gedeihen kümmert. Die Aufgabe des Gärtners entspricht der unseres Lehrers, unserer Lehrerin: Er oder sie weiß, wie der Samen behandelt werden muss, damit er gedeiht so gut es geht.

Nach und nach werden wir immer tiefer mit den Lehren Buddhas in Kontakt kommen. Damit wir nicht »abheben«, gibt es die sogenannten Vier Gedanken, die unseren Geist immer wieder in die Richtung des Dharma lenken. Es sind dies: Die Kontemplation über die Kostbarkeit des menschlichen Lebens, über Vergänglichkeit, über Ursache und Wirkung und über das Leiden.

Dieses kostbare menschliche Leben ist nicht für die Ewigkeit gemacht. So wie alles andere auch, ist es aufgrund verschiedener Ursachen zustande gekommen: Es bedurfte der Vereinigung eines Bewusstseins mit dem Spermium und der Eizelle unserer Eltern. Das Verschmelzen dieser drei Elemente ist der Ausgangspunkt eines kostbaren Menschenlebens. Aus diesem Grund sagte der indische Philisoph *Nagarjuna*:

>Das Leben ist so zart wie eine Luftblase in einem Fluss
Nach dem Ausatmen
ist es ein Wunder, dass wir wieder einatmen.
Wenn wir schlafen gehen,
ist es ein Wunder, dass wir wieder aufwachen.«

Der zweite der Vier Gedanken, der unseren Geist in Richtung der Lehren Buddhas lenkt, ist das Nachsinnen über Vergänglichkeit und Tod. Die Lehren über Vergänglichkeit und Tod sind der stärkste Antrieb, zu handeln und all den Müll, mit dem wir unser Leben füllen, zu sortieren und wegzuräumen: die materiellen, politischen und emotionalen Ziele, die wir erreichen wollen, und all das, womit wir uns Tag für Tag beschäftigen.

Solange wir jung sind, glauben wir, dass wir noch viel Zeit haben, uns mit der Lehre Buddhas zu beschäftigen. Wenn wir aber realistisch über die Vergänglichkeit nachdenken, müssen wir zu dem Schluss kommen, dass der richtige Zeitpunkt, uns mit der befreienden Lehre auseinanderzusetzen, genau jetzt ist und dass wir, um damit anzufangen, alles lassen sollten, was nicht essentiell wichtig ist. Wenn wir die Tatsache der Vergänglichkeit wirklich ernst nehmen, müssen wir genau das tun.

Der dritte Gedanke bezieht sich auf die Gesetzmäßigkeit von Ursache und Wirkung, von Handlungen und deren Ergebnis. Er hilft uns, zwischen Handlungen, die wir tun sollten und solchen, die wir lieber unterlassen sollten, zu unterscheiden. Schon der gesunde Menschenverstand lehrt uns, dass wenn wir einen bestimmten Samen säen, daraus später eine bestimmte Art Frucht erwächst, die wir, ist sie gereift, ernten können. In gleicher Weise funktioniert *Karma*: Wenn wir Positives tun, werden wir und andere auch in der Zukunft Positives ernten. Handeln wir negativ, vergiften wir uns und andere. Der vierte Gedanke, der uns zum Dharma hinwendet, ist der Gedanke an das Leiden. Eine Ahnung von der Allgegenwärtigkeit des Leidens konnten wir bereits bei der Kontemplation über Vergänglichkeit entwickeln. Das Leiden, von dem der Buddha sprach, rührt nicht von einer vorübergehenden Lebenssituation her, sondern ist das Ergebnis des eisernen Griffs des Ichs. Selbst wenn wir uns gerade in einer glücklichen Situation befinden, vielleicht verliebt sind oder wunderbare Freunde um uns haben, so mischt sich doch unser Ich immer mit ein, manipuliert unsere Erfahrungen, macht die andere Person zu einem Objekt, und irgendwann wandelt sich die Beziehung zu Leiden.

Diese vier Kontemplationen sind die Grundlage des buddhistischen Weges. Sie bewirken, dass wir uns auf das Dharma ausrichten. Wenn wir sie uns zu Herzen nehmen und wieder und wieder über sie nachdenken, in der stillen Meditation und im Alltag, dann haben wir definitiv den Weg des Buddha eingeschlagen. Dann wird uns auch die tiefgründige Lehre des zweiten Fahrzeugs, des Mahayana, wichtig werden.

Das Hauptmerkmal des Mahayana ist Mitgefühl. Ein Mensch, dem Mitgefühl am Herzen liegt, widmet sein Leben dem Wohl der anderen, ist fest entschlossen, das Leiden der anderen auf sich zu nehmen.

Je weniger wir auf uns selbst fixiert sind, je weniger wichtig es uns ist, dass wir gut dastehen, dass es uns gut geht, je weniger wir uns selbst beweihräuchern, desto freier wird unser Blick, desto offener sind wir für andere. Wir beginnen, anderen dieselbe Aufmerksamkeit und Fürsorge zukommen zu lassen wie uns selbst. Diese Offenheit strahlt in Form von Liebe und Mitgefühl von uns aus. Liebe ist der Wunsch, dass alle glücklich sein mögen und die Ursachen für das Glücklichsein besitzen mögen. Mitgefühl ist der Wunsch, dass alle Wesen frei von Leiden und von den Ursachen des Leidens sein mögen. Der Buddha lehrte, dass die Meditation über Liebe und Mitgefühl der Katalysator dafür ist, zum Wohle der anderen Wesen erleuchtet zu werden.

Durch die Meditation über Liebe und Mitgefühl und dadurch, dass wir das Erkannte im Alltag anwenden, merken wir auf einmal, dass die Bedürfnisse der anderen genauso groß sind wie unsere eigenen. Tatsächlich sind die der anderen sogar sehr viel größer, denn wir sind nur ein »Ich«, während die anderen unzählbar viele »Ich« sind. Wenn wir wirklich den Wunsch haben, dass andere glücklich und frei von Leiden sein mögen, müssen wir auch fähig sein, diesen Wunsch in die Tat umzusetzen. Der einzige Weg, das zu erreichen, liegt darin, dass wir uns an unsere eigene unerschöpfliche innere Kraftquelle anschließen, das heißt, wir müssen selbst ein Buddha werden.

Glossar

Atisha: Indischer buddhistischer Gelehrter, dessen Lehren zur Erzeugung des Erleuchtungsgeistes maßgeblich die Entwicklung des tibetischen Buddhismus beeinflussten.

Bodhisattva: Ein »erwachtes Wesen«; ein Wesen, in dem Mitgefühl und Weisheit entstanden sind und das folglich sich selbst verpflichtet hat, Buddhaschaft zu erlangen, um allen Wesen momentanes und letztendliches Wohlsein zu bringen.

Buddha: Das Prinzip der Erleuchtung; ein erleuchtetes, »erwachtes« Wesen. Insbesondere Shakyamuni Buddha, der »Weise aus dem Shakya-Klan«, der vor 2500 Jahren in Indien den Weg zur Erleuchtung lehrte.

Buddha-Natur: Die wahre Natur unseres Geistes, welche leer und zugleich klar erscheinend ist. Potential, das allen Wesen innewohnt und ihnen möglich macht, Erleuchtung zu finden. Wenn die Schleier der Unwissenheit, die die Buddha-Natur verdecken, geklärt sind, ist Buddhaschaft, das heißt die Verwirklichung dieses Potentials gegenwärtig.

Chandrakirti: Berühmter buddhistischer Philosoph der Prasanghika-Madyamika-Schule, der im 6. Jahrhundert in Indien lebte.

Dharma: Dieser Begriff umfasst zahlreiche Bedeutungsebenen; hier als die Lehren Buddhas zu verstehen.

Eternalismus: Philosophische oder religiöse Vorstellungen, die von einer ewigen oder bleibenden Existenz einer oder mehrerer Wesen oder Dinge (Entitäten) ausgehen. Beispiele dafür sind der Glaube an einen außerhalb unserer selbst existierenden Gott oder an ewige, individuelle Seelen.

Geist: Instanz in uns, die erkennt und versteht.

Hinayana: (»Kleines Fahrzeug«; auch »Weg der persönlichen Befreiung«); das erste der drei »Yanas« oder Ebenen spiritueller Praxis im Buddhismus. Die Hinayana-Praxis betont die Kontemplation grundlegender buddhistischer Lehren wie zum Beispiel Vergänglichkeit und Leiden. Das Ideal des Hinayana ist der Arhat, der aus eigener Kraft und durch Abkehr von der Welt die Befreiung vom Kreislauf der Wiedergeburten erreicht hat.

Karma: (»Handlung«, »Tat«); das universelle Gesetz von Ursache und Wirkung aller Aktivitäten von Körper, Rede und Geist. Unsere heutigen Erfahrungen und Existenzweisen sind das Ergebnis früherer Handlungen und den dahinter liegenden Absichten. Unsere zukünftigen Erfahrungen und Existenzweisen sind von unseren gegenwärtigen Taten bestimmt.

Leiden: Leiden umfasst ein breites Spektrum von Erfahrungen vom subtilsten Gefühl der Unzufriedenheit bis zu extremem körperlichen oder mentalen Elend.

Mahayana: (»Großes Fahrzeug«); die Mahayana-Lehren, die sowohl die altruistische Einstellung von Mitgefühl als auch die Weisheit der Leerheit betonen, entstanden im ersten Jahrhundert vor unserer Zeitrechnung. Das Ideal des Mahayana ist der Bodhisattva, der Erleuchtung erlangt, um zum Wohl aller Wesen zu wirken.

Mantrayana: siehe Vajrayana

Nagarjuna: Einer der bedeutendsten buddhistischen Philosophen, oft auch »zweiter Buddha« genannt, der die philosophische Schule der Madhyamika begründete.

Natur der Wirklichkeit: Die wahre Natur all dessen, was existiert. Alle Erscheinungen sind ohne wirkliche Essenz, denn sie entstehen, existieren und vergehen nur in Abhängigkeit voneinander.

Nihilismus: Philosophische Vorstellungen, die die Existenz von vergangenen oder zukünftigen Leben ablehnen und aus diesem Grund eine Verbindung zwischen Handlungen und ihren Auswirkungen auf die Zukunft ablehnen. Beispiel einer nihilistischen Weltauffassung ist die Philosophie des Materialismus.

Nirvana: Das Aufhören von Unwissenheit, Gier und Hass und folglich die Freiheit von der unvermeidlichen Wiedergeburt in Samsara; zentrales Ziel des Hinayana-Weges.

Phänomene: Alle materiellen, psychischen, emotionalen und mentalen Erscheinungen, die die Gesamtheit der Welt ausmachen.

Sangha: Die Gemeinschaft derer, die der Lehre Buddhas folgen (Laien, Mönche und Nonnen). Die edle Sangha besteht aus Praktizierenden, die eine spirituelle Verwirklichung erfahren haben.

Samsara: Der Kreislauf von Geburt und Tod. Er ist von Leiden und Frustrationen gekennzeichnet, deren Ursache Unwissenheit ist.

Shamata: Das Verweilen in Ruhe; meditative Praxis, um den Geist zur Ruhe zu bringen, so dass er frei von störenden Gedanken ist.

Shravakas: (»Hörer«); bezeichnet ursprünglich die persönlichen Schüler des Buddha; allg. die Praktizierenden, für die die erste Lehre des Buddha über die Vier Edlen Wahrheiten bestimmt war.

Sutra: Lehrreden des Buddha; sie umfassen die Lehren des Hinayana und des Mahayana.

Vajrayana: (»Diamantenes Fahrzeug«); auch Mantrayana genannt; eine Erweiterung des Mahayana, die um die Mitte des ersten Jahrhunderts unserer Zeitrechnung entstand. Grundlage sind die Tantras, die vom Buddha selbst dargelegt worden sind. Im Vajrayana werden spezielle machtvolle Methoden benutzt, um die spirituelle Verwirklichung zu ermöglichen.

Informationen über Einrichtungen, die einführende Vorträge und Kurse über Buddhismus anbieten, erhalten Sie über den Dachverband der deutschen Buddhisten (DBU) und die von der DBU herausgegebene Vierteljahreszeitschrift Lotusblätter.

> Deutsche Buddhistische Union (DBU) e.V.
> und Redaktion »Lotusblätter«
> Amalienstr. 71
> D - 80799 München
> Tel. (089) 280 104, Fax (089) 281 053

Informationen über Gemeinschaften im deutschsprachigen Ausland erhalten Sie über:

> Schweizer Buddhistische Union (SBU)
> Wiedingstr. 18
> CH - 8055 Zürich
> Tel. (0041) (1) 461 15 24

> Österreichische Buddhistische Religionsgemeinschaft (ÖRB)
> Fleischmarkt 16
> A - 1010 Wien
> Tel. und Fax (0043) (1) 512 37 19

Information über Gemeinschaften und Veranstaltungen von Jampa Thaye:

> Sakya Thinley Rinchen Ling
> 121 Sommerville Road, St Andrews
> GB - Bristol BS6 5BX
> Tel: 0044-(0)117-924 4424

in Deutschland:

> Dharmagruppe Karma Lodrö Ling
> Raidwangen
> Bergstr. 5-7
> 72622 Nürtingen
> Tel: 07022-42606, Fax: 07022-45260

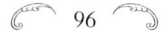